KB212193

교회교인가 그리스도교인가

그리스도인의 현실과 이상에 관하여

안토니 블룸 지음 · 양세규 옮김

Churchianity vs Christianity

교회교인가 그리스도교인가

그리스도인의 현실과 이상에 관하여

안토니 블룸 지음 · 양세규 옮김

비아
V I A

| 차례 |

일러두기

· * 표시는 독자의 이해를 돕기 위해 옮긴이와 편집자가 단 주석입니다.

· 성서 표기는 원칙적으로 『공동번역개정판』(1999)을 따르되 인용은 원서 본문에 가까운 번역본을 사용했습니다.

· 교부들의 인명의 경우에는 『교부학 인명, 지명 용례집』(분도출판사, 2008) 을 따랐습니다.

서문

　20세기 전반기에는 이른바 '파리 학파'Paris School가 서방 세계에서 정교회 사상을 주도했다면, 후반기에는 두 인물, 알렉산더 슈메만Alexander Schmemann* 대신부와 수로즈의 안토니

---

* 　알렉산더 슈메만(1921~1983)은 정교회 사제이자 신학자다. 에스토니아 탈린에서 러시아 이민자 가족의 아들로 태어나 일곱 살 때 가족을 따라 프랑스로 이주한 뒤 성 세르기우스 신학교에서 신학을 공부했다. 1946년에는 사제 서품을 받고 성 세르기우스 신학교에서 교회사를 가르치다 1951년 미국에 있는 성 블라디미르 신학교의 교수진으로 합류해 교회사를 가르쳤다. 1955년에는 게오르기 플로롭스키의 뒤를 이어 학장이 되었고 1983년 세상을 떠날 때까지 학장직을 유지했다. 수많은 신학교에서 명예박사 학위를 받았으며 결혼한 정교회 사제가 받을 수 있는 가장 커다란 영예인 대신부protopresbyter 직함을 받았다. 영어권, 특히 미국에 정교회 신학을 본격적으로 소개한 대표적인 학자이자 기존에 교회사, 혹은 교회법의 하위 분야로 속해있던 전례신학 혹은 예배학을 신학의 한 분야로 정착시킨 신학자로 평가받는다. 주요 저서로 『세상에 생명을 주는 예배』For the Life of the World(복 있는 사람), 『전례신학 입문』Introduction to Liturgical Theology 등이 있으며 『대 사순절』(정교

우스 대주교, 즉 안토니 블룸이 막대한 영향을 미쳤다고 할 수 있습니다. 그는 1949년 영국에 도착해 2003년 세상을 떠났는데, 영국의 저명한 언론인 제럴드 프리스틀랜드Gerald Priestland*는 영국에서 블룸만큼 강력한 목소리를 낸 그리스도인은 없었다고 이야기했습니다.

1차 세계대전의 전운이 감돌던 1914년, 스위스 로잔에서 태어난 블룸은 외교관이었던 부친을 따라 러시아와 이란 등지에서 어린 시절을 보냈습니다. 러시아 혁명이 일어나자 블룸의 가족은 이란을 떠나야 했고, 1923년 파리에 정착했습니다. 파리 대학교에서 물리학과 화학, 생물학을 공부한 뒤 의학 박사 학위를 받은 블룸은 1948년 사제 서품을 받고 잉글랜드로 파견되어 성 알바누스-세르기우스회Fellowship of St Alban and St Sergius(*그리스도인들간의 대화, 특히 성공회와 정교회 전통의 대화를 촉진하기 위해 1928년 설립된 초교파 협회)의 채플린으로

───────────

회 출판사), 『우리 아버지』(비아), 『죽음아, 너의 독침이 어디에 있느냐?』(비아) 등이 소개된 바 있다.

* 제럴드 프리스틀랜드(1927~1991)는 영국의 기자이자 종교평론가다. 옥스퍼드 대학교 뉴칼리지에서 공부하고 BBC에서 일을 했다. 미국 특파원으로 활동하며 존 F. 케네디의 당선과 머큐리 프로젝트 등을 보도했으며, 중동 특파원으로 활동하기도 했다. 무신론자에서 퀘이커로 회심한 이후 점점 더 종교에 관심을 갖게 되었고 이와 관련된 다양한 프로그램을 진행함과 동시에 글을 썼다.

일했습니다. 그리고 1950년에는 런던 모스크바 총대주교구 교회의 사제로 임명되었고, 1957년에는 주교로, 1962년에는 대주교로 서품을 받아 영국과 아일랜드의 러시아 정교회를 관할하게 됩니다. 1996년에는 관구장 주교에 올랐습니다. 생전에 소비에트 연방의 붕괴와 러시아 교회의 부흥을 목격한 블룸은 2003년 8월 4일 런던에서 선종했고, 브롬프턴 묘지에 영면하였습니다.

영국에 처음 도착했을 무렵 블룸이 맡은 본당은 (러시아인과 영국인의 국제결혼으로 이루어진 가정이 다수인) 50여 가정이 다니던 작은 공동체였습니다. 말년에 이르러 그가 맡은 교구에는 30여 개의 본당과 공동체가 있었지요. 사목 생활 초창기부터 블룸은 강연을 하며 지냈습니다. 처음에는 본당의 교우들에게 러시아어로 강연을 했지만, 점차 영어가 익숙해지며 영어로도 강연을 했습니다. 어느덧 그는 본당을 넘어 브리튼섬은 물론 세계 곳곳을 넘나드는 연사가 되었고, 점점 더 많은 사람이 그의 강연을 듣기 위해 모였습니다. 강연에서 그는 다양한 주제를 다루었습니다. 블룸은 자신이 신학자가 아니라고 강조했지만, 그가 했던 모든 강연에는 언제나 심오한 신학이 깃들어 있었지요. 그는 언제나 즉흥적으로 말했습니다. 원고 없이도 주어진 시간에 맞추어 강연을 할 수 있다고

BBC를 설득해야 한 적도 있을 정도입니다.

블룸은 책을 쓰지도, 논문을 남기지도 않았습니다. 그러나 다행히도 대부분의 순간에 강연을 녹음하고 받아 적은 사람들이 있었습니다. 이 녹취물들은 책으로 출판되었고, 여러 언어로 번역되었습니다.

블룸의 이야기 중심에는 소년 시절에 만난 부활한 그리스도, 그 생생한 경험이 아로새겨져 있습니다. 그는 이를 아래와 같이 회고합니다.

당시 내가 겪은 일은 가끔 혼자 거리를 걷다 마치 누군가가 나를 바라보는 것 같다는 생각에 순간 뒤를 돌아보는 것과 유사하다. 그때 나는 성경을 읽고 있었다. 마르코 복음서 3장으로 넘어가려던 찰나, 나는 내 책상 저편에 누군가가 있다는 느낌이 들었다. 현존을 경험했다. 나는 소스라치게 놀라 읽던 것을 그만두고 고개를 들어 오랫동안 주위를 둘러보았다. 그러나 아무것도 보이지 않았다. 아무것도 들리지 않았다. 감각으로는 어떤 것도 느끼지 못했다. 그러나 내가 정면을 똑바로 바라보았을 때, 아무것도 보이지 않는 바로 그 자리에, 그리스도께서 분명히 여기에 계심을 알았다. 의심의 여지가 없었다. 나는 곧바로 깨달았다. 그리스도께서 여기 살아 계신다면, 그분은 바로 부활하신 그리스도라는 사실을. 나는 주님의 부활을 경험했고, 깨달았고, 따라서 복음이 그분에 관해 이야기하는 모든 내용이 진리임을 믿게 되었다.

사도 바울의 체험이 생각나는 대목입니다. 감수성 예민한 나이에 그는 하느님을 만났습니다. 그리고 이 만남은 그의 삶 전체를 송두리째 변화시켰습니다. 그의 존재와 행동, 사고 전체를 새롭게 정립했습니다. 인생의 해답을 갈망하던 순간에 마르코 복음서를 읽으며 그는 복음을, 그리스도의 현존을 완전히 믿게 되었습니다. 어린 안드레이(안토니 블룸의 어린 시절 이름)의 삶을 완전히 변화시킨 이 계시는 그에게 깊은 영향을 남겼으며 평생에 걸쳐 그에게 주어진 사명을 완수하는 원동력이 되었습니다. 그가 읽던 마르코 복음서 끝부분에는 이런 구절이 있습니다.

또 예수께서 그들에게 말씀하셨다. 너희는 온 세상을 두루 다니며 모든 사람에게 이 복음을 선포하여라.

그 순간 이후, 그는 모든 삶을 바쳐 이 명령을 따랐습니다.

이 책은 안토니 블룸이 1990년 2월에서 6월 사이에 했던 아홉 편의 강연을 녹취한 것입니다. "교회교"Churchianity라는 표현은 C.S.루이스C.S.Lewis가 주조한 용어인데, 블룸은 이를 빌려 "교회에 가는 것, 교회를 사랑하는 것, 교회를 섬기는 것, 복음을 선포하는 것과 그리스도인이 되는 것의 차이"를, 형식적으로 교회에 출석하는 삶과 진정한 영적인 삶 사이에 일어나는 갈등과 대립의 다양한 측면을 다룹니다.

스스로 물어봅시다. 신경을 외운다는 것, 신앙을 고백한다는 것의 의미는 무엇입니까? 신앙이 그저 하나의 세계관입니까? 타당한 여러 철학 중 더 마음에 드는 것에 불과합니까? 아니면 하나의 약속이자 우리를 묶는 경험적 지식입니까?

흔히 사람들은 블룸이 너무 많은 것을 요구한다고 불평합니다. 그는 '최대주의자'maximalist였습니다. 그리스도를 따른다는 것의 의미는 복음서가 가르치는 그대로 모든 것을 버리고, 자신의 십자가를 지고, 그리스도를 따르는 것이라고 그는 믿었습니다. 우리의 현실과 하느님의 명령 사이의 긴장에 대해 그는 이렇게 이야기합니다.

제가 말씀드린 이야기, 우리의 결점을 설명하며 말씀드린 이야기는 우리가 지향해야 할 이상적, 절대적 기준을 분명히 염두에 두고 있었습니다. 동시에 우리 중 누구도, 심지어 우리가 아는 성인들조차 이 완전함에 이르지 못한다는 사실도 말씀드렸습니다. 항상 무언가 불완전하고 부족합니다.

우리 모두에게는 이러한 긴장이 있습니다. 절대적인 것을 알지 않는 한, 우리는 그리로 향할 수 없습니다. 동시에 우리의 모습에 절망해서는 안 됩니다. 우리가 어떤 상황에 있는지는 우리가 판단할 문제가 아닙니다. 그러나 한 가지, 우리가 얼마나 완전해지기를 바라는지, 얼마나 하느님께 합당한 존재가 되기를 원하는지, 사랑에 합당한 존재가 되기를 원하는지, 자비에 합당한 존재가 되기를 원하는지 판단하는 것은 우리의 몫입니다. 합당한 존재가 된다는 것은 우리의 공로 탓이 아닙니다. 우리가 주님께 드릴 수 있는 갈망과 신뢰 때문입니다.

이 책은 우리에게 행동을 촉구합니다. 우리의 신앙생활에 대한 반성을 촉구합니다. 그리스도인이 되지 못하고 실패하고 마는 우리의 모습, 율법의 문자에 얽매이는 우리의 모습, 교회교라는 죄에 사로잡힌 우리의 모습을 돌아보도록 일깨

웁니다. 동시에 이 책은 우리의 소명을 이루고 그리스도교의 참 의미를 이해하게 할 우리의 잠재력에 관한, 또 하느님의 무한한 사랑에 관한 영감으로 가득합니다.

피터 스코러

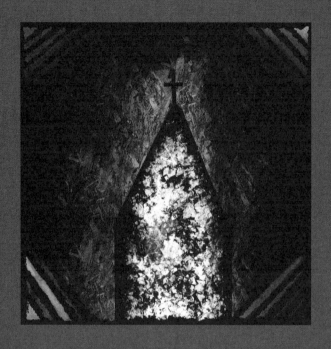

교회에 '들어가야만' 비로소 이해할 수 있는 이야기들이 있습니다.
교회에 들어가서 우리가 발견하는 모습은 겉모습과는 다릅니다.
교회는 독특한, 살아 있는 유기체입니다. 교회에는 하느님과 인간
이 동시에, 어느 하나도 더하거나 덜하지 않게 있습니다.

교회교와 그리스도교 사이에서
– 복음이라는 시험

1990년 2월 8일

강연의 제목이 생소하다고 느끼시는 분들이 있을지도 모르겠습니다. "교회교"churchanity란 일찍이 C.S.루이스C.S.Lewis가 사용했던 표현입니다. 교회교와 그리스도교를 분리하는 일, 우리 안에, 우리 가운데 이런 교회교가 얼마나 많이 스며들어 있는지 깨닫는 일, 그리고 우리가 얼마나 불완전한 그리스도인인지 이해하려고 애쓰는 일은 참으로, 참으로 중요한 과제입니다. 둘의 차이를 숙고하기 시작한 지도 벌써 수년이 흘렀습니다. 그 기간 저는 이에 관한 이론을 살피기보다는 저의 삶, 저의 내면과 외면을 돌아보았습니다. 그리고 분명한 사실을 깨달았지요. 여러 해 동안 교회 생활을 하는 중에, 체계적이고 깊이 있는 예배 가운데, 영적 스승들의 글을 묵상하며 저는 참으로 큰 영감을 얻고 기쁨을 경험하고 찬사를 보내기도, 누리기도 했으나 그것이 전부였다는 사실을 알게 되었습니다. 저는 열매를 맺지 못했습니다. 그러한 깨달음을 얻으니 '내 삶의 끝자락에 이르렀을 때, 끝자락을 향해 달려갈 때, 또다시 그런 결론에 이른다면 어떨까? 나 말고도 같은 고민을 하는 분이 적잖이 있지 않을까?' 하는 생각이 들더군요. 문득 크레타의 성인 안드레아Andrew of Crete*가 남긴 대 카논 성가의 구절이 뇌리를 스쳤습니다.

헛되어라 예언자의 외침이여

덧없어라 손에 든 복음이여

열매 없는 계시의 말씀이여

메마른 빈껍데기, 여기 선 나올시다.

---

* 크레타의 안드레아(650?~740?)는 예루살렘의 안드레아라고도 불리는 성직자이자 신학자다. 14세부터 성직자로서 활동을 시작했고 이후 제3차 콘스탄티노플 공의회 등에 참여했으며 크레타의 대주교를 지냈다. 당시 최고의 설교가 중 한 사람으로 평가받았으며, 새로운 형태의 성가인 카논을 전례에 도입한 이로도 평가받는데, 특히 죄를 지은 영혼이 회심하고 하느님께 돌아오는 여정을 그린 《대 카논 성가》가 널리 알려져 있다. 동방 정교회와 서방 가톨릭 교회에서 모두 성인으로 기리고 있으며 축일은 7월 4일이다.

저의 상황을 적나라하게 보여주는 듯한 이 말은 제가 한 말도 아니고, 저희와 동시대를 사는 누군가가 한 말도 아닙니다. 크레타의 안드레아 성인의 고백입니다. 성인은 자신의 삶을 돌아본 끝에 저와 같은 결론에 도달했습니다. 성인에게도 이런 고뇌가 있었는데, 하물며 우리는 어떻겠습니까? 그저 습관적으로 교회를 오가는 삶과 교회 생활을 향유하는 삶, 복음을 진심으로 그리스도의 말씀으로 믿으며 간절히 그리스도를 바라보기까지 하는 삶은 다르지 않을까도 생각해 보았습니다만, 어느 쪽이든 결국 교회교의 함정에 빠지기는 매한가지라는 결론에 이르렀습니다.

며칠 전 저는 꿈을 꾸었습니다. 꿈에서 저는 러시아에서 예배를 드리고 있었습니다. 순서가 되어 앞으로 나가 설교하려 하는데, 그곳에 있던 신부님이 저에게 말을 건넸습니다. "설교하지 마십시오. 이미 설교를 너무 많이 들었습니다(공교롭게도 이 말은 대략 20년 전 제가 존경하던 한 신부님이 제게 하신 말씀이었습니다. 그리고는 꿈속에서도 이 말을 들은 것입니다)." 저는 몸을 돌려 말했습니다. "아니요. 설교하는 게 제 일입니다. 하지만, 하지만 진실만을 말하겠습니다." 앞으로 나간 저는 이렇게 말했습니다.

여러분이 설교를 듣지 않으려 한다는 말을 방금 전해 들었습니다. 너무나 많은 주교, 너무나 많은 사제가 설교했지만, 그들의 삶, 인격, 거룩함 안에는 그들이 말하던 내용이 들어 있지 않았기 때문이겠지요. 그러니 그 설교가 거짓말처럼 들렸을 것입니다. 하지만 거짓말이 아닙니다. 그들이 한 말은 다 사실입니다. 그들은 알면서도 그렇게 살지 않았지요. 복음이 말하듯, 그들이 한 말이 그들을 정죄할 것입니다. 그러나 여러분은 어떠합니까? 여러분은 여러분 자신에 대해 어떻게 생각하십니까? 서신서를 보십시오. 그리스도의 사도들이 삶을 바라보는 하느님의 시선을 우리에게 열어 줄 때가 얼마나 많습니까? 우리를 구원하신 주님의 제자가 될 수 있는 길을 일깨울 때가 얼마나 많습니까? 복음을 들려줄 때가 얼마나 많습니까? 예배 중에, 성경 말씀을 읽을 때, 주님이신 예수 그리스도께서 우리 가운데 서 계십니다. 그분께서는 우리를 향해 말씀하십니다. 복음을 읽는 사제나 보제deacon(*서방 전례 교회에서는 부제라고 하고 정교회에서는 보제라고 한다)는 아무것도 아닙니다. 목소리일 뿐입니다. 그들이 자신들이 전하는 말씀에 합당하지 않은 삶을 산다 하더라도 그들이 전하는 말씀은 참되지 않습니까? 진리의 말씀이지 않습니까? 그렇다면 결단해야 하지 않겠습니까? 두렵지만 진실된 결단을요.

저는 말을 이어갔습니다.

주님의 기도가 우리와 함께하지 않는다면 여기서 우리가 서
신서를 읽는 일도, 복음을 선포하는 일도 일어나지 않았을
것입니다. 주님의 기도 안에서 우리는 하느님의 이름이 빛
나시며, 그분의 뜻이 이루어지며, 그분의 나라가 오시며, 우
리가 원한을 품고 있는 모든 이를 용서하는 것만이 하느님
이 우리를 용서하기 위한 전적인 조건이며, 그렇게 죽음의
땅으로부터 생명의 땅으로 건너는 것이 우리가 가야 할 길
이라고 선언합니다. 그러므로 우리는 이렇게 결단해야 합
니다. 우리가 그 삶을 칭송하더라도 따르지 않는다면, 그 삶
이 우리의 마음을 울리더라도 우리를 새로운 생명으로 일
으켜 세우지 않는다면 성인들이 드린 기도라 할지라도 읊
조리지 않겠다고 말이지요. 하느님과 여러분 자신에게 진
실하기를 바라신다면 그렇게 하십시오. 저도 그렇게 하겠
습니다.

설교를 마치고, 저는 잠에서 깼습니다.

앞에서 언급한 안드레아 성인의 고백과 더불어 꿈에서 제가 한 이야기를 함께 돌아볼 수 있으면 좋겠습니다. 강연에 쓰려고 지어낸 이야기가 아닙니다. 제 생각을 전하려고 재구성한 이야기도 아닙니다. 아, 계시를 받았다고 말하려는 것도 아닙니다. 그저 마음 깊은 어딘가에서 나와서는 저를 심판한 객관적 진술이었다고 생각합니다. 여러분을 심판하려는 것은 아닙니다. 하지만 도전이 되는 이야기 아닌가요?

교회에 가는 것과 그리스도인이 되는 것은 다릅니다. 마찬가지로 교회를 사랑하고 섬기며 복음을 선포하는 것과 그리스도인이 되는 것도 다릅니다. 마르코 복음서 끝부분에 나오는 "믿는 사람들에게는 이런 표징들이 따를 터인데, 곧 그들은 내 이름으로 귀신을 쫓아내며, 새 방언으로 말하며, 손으로 뱀을 집어 들며, 독약을 마실지라도 절대로 해를 입지 않으며, 아픈 사람들에게 손을 얹으면 나을 것이다"(마르 16:17~18)라는 구절을 새삼 강조하지는 않겠습니다. 우리가 우리 자신을 알지 않습니까? 서로의 모습을 알지 않습니까? 그리스도교 세계 전체를 돌아본들, 아시지 않습니까? 누가 저 복음의 시험을 통과할 수 있겠습니까? 이외에도 참으로 많은 구절이 있습니다.

내가 너희에게 한 것과 같이, 너희도 이렇게 하라고, 내가 본을 보여 준 것이다. (요한 13:15)

보아라, 내가 너희를 내보내는 것이, 마치 양을 이리 떼 가운데로 보내는 것과 같다. (마태 10:16)

이뿐인가요. 여덟 가지 참 복에 관한 주님의 말씀이 있습니다. 주님의 기도가 있습니다. '하느님은 사랑이시다'라는 고백이, 이웃을 위해, 친구를 위해 자신의 목숨을 버리는 것보다 더 큰 사랑은 없다고 그리스도가 말씀하신 바로 그 사랑이 하느님이시라는 고백이 있습니다. 더 나아가, 필멸하는 인간은 사랑하는 사람을 위하여 유한한 목숨만 내놓을 수 있지만, 불멸하시는 하느님께서는 우리가 그분의 원수일 때에도 우리를 위하여 당신의 영원한 생명을 내놓으셨다는 고백이 있습니다. 이는 제 고백이 아니라 사도 바울의 고백입니다.

그러므로 저는 여러분과 함께 몇 가지를 점검해 보려 합니다. 먼저 교회가 무엇인지 돌아봅시다. 신앙을 고백하고, 교회의 교리를 따르며 전하는 것이 어떤 의미가 있는지 살펴봅시다. 우리가 행하는, 혹은 행해야 하는 예배에는 어떤 의미가 있는지 생각해 봅시다. 그리하여 우리의 교회됨이 어떤 의미가 있는지 성찰해 봅시다.

'교회교'라는 표현을 만든 인물은 C. S. 루이스입니다. 이 표현을 하며 그는 그리스도의 비유, 아니 정확히는 그 사건, 그러니까 우리 주 예수 그리스도께서 열매 맺지 못하는 무화과나무를 저주하신 그 사건을 염두에 두지 않았을까 짐작합니다. 잎사귀 하나 없었다면, 말라비틀어져 있었다면, 죽은 나무였다면, 그리스도께서도 나무를 두고 아무 말씀을 하지 않으셨을 것입니다. 아니, 오히려 생명의 말씀으로 생기를 불어넣으시고, 새롭게 소생시키셨을지도 모릅니다. 그러나 실상이 어땠습니까? 이 나무는 나뭇잎이 무성한 채 위풍당당하게 서 있었습니다. 이를 본 사람들 모두는 잘 익은 열매가 주렁주렁 달려 수확을 기다리고 있을 것으로 생각했습니다. 하지만 보이는 것은 그저 나뭇잎뿐이었지요. 외양은 그럴듯했으나 실상은 아무것도 없었습니다. 그랬던 나무를 두고 그리스도께서 하신 말씀이 두렵습니다.

이제부터 너는 영원히 열매를 맺지 못하리라. (마르 11:14)

그리스도를 찾아온 죄인들은 구원이 필요했습니다. 그들은 아무런 열매도 없는 불모의 땅과 같았지만, 열매가 없다는 사실을 무성한 잎사귀로, 이런저런 그럴듯한 겉모습으로 감추지 않았습니다. 이러한 모습은 바리사이파 사람과 대비를 이룹니다. 세리와 바리사이파 사람의 비유를 떠올려 보십시오. 바리사이파 사람은 하느님 앞에 당당했습니다. 자랑거리가 많았습니다. 경건했습니다. 하느님이 율법에서 명하신 것보다 더 많은 일을 했습니다. 그러나 그가 하느님을 찬미했을 때 이유는 단 하나, 자기 같은 사람을 만드셔서 감사하다는, 세리 같은 사람이 아니어서 감사하다는 것뿐이었습니다. 그렇게 그는 자신을 잎사귀로 감춥니다. 자신이 하는 여러 올바른 행동을 열거하며 그 뒤로 숨습니다. 헛된 일입니다. 이 사람은 아무것도 배운 것이 없습니다. 외양만 그럴듯 했지요. 그는 실상을 깨달아야 합니다. 한데 하느님은 이 바리사이파 사람을 정죄하지 않으셨습니다. 그에게는 아직 시간이, 기회가 있습니다. 우리는 어떻습니까?

"우리는 어떻습니까?"라고 물은 이유는 우리가 훨씬 더 많은 것을 갖고 있기 때문입니다. 물론 바리사이파 사람에게는 구약성경이 있었습니다. 하지만 그것이 그가 가진 전부였습니다. 그러나 우리는 어떻습니까. 신약성경의 가르침을 알고 있습니다. 그뿐입니까? 인간이 되신 하느님의 아들 그리스도가 우리 가운데, 우리의 스승으로, 우리네 세상 여정의 동반자로, 우리의 구원자로, 우리의 본으로, 우리에게 생명을 주시는 분으로 계시지 않습니까?

세리는 달랐습니다. 그는 하느님 나라의 끝자락에 매달립니다. 하느님 나라에 감히 자신이 설 수 없다고 느꼈기 때문입니다. 그는 하느님 앞에 자신의 악함을 숨기지 않습니다. 자신의 삶이 불완전하다는 사실을 고백합니다. 그는 하느님 앞에 진실하게 섰습니다. 진실했기에, 진리이신 분에게 받아들여질 수 있었습니다. 길이요 생명이신 분에게서 바리사이파 사람보다도 더 커다란 용서를 받고 집으로 돌아갈 수 있었습니다.

본격적으로 논의를 하기 전에 먼저 교회가 무엇인지 짧게 생각해 보고자 합니다. 이에 관해서는 우리 모두 이미 많은 부분을 알고 있지요. 어쩌면 그것이 더 문제입니다. 우리는 알고 있습니다. 그러나 알아서 무엇이 달라졌습니까? 교회란 같은 신앙을 고백하고, 같은 교리를 선포하며, 초대 교회로부터 사도 전승을 통해, 주교와 성직자의 오랜 계승을 통해 이어져 초대 교회와 같은 신비, 성사를 거행하는 사람들의 모임이라는 사실을 우리는 알고 있습니다. 하지만 이것은 교회의 겉모습입니다. 물론 이런 정의가 필요할 때도 있습니다. 사람들에게 교회가 무엇인지를 보여주어야 할 때, 시간과 공간 안에 놓인 교회를 보여주어야 할 때 말이지요. 이는 정확히는 성당, 교회당에 관한 정의, 어떤 장소에 관한 설명이라 할 수 있습니다. 하지만 어떤 교회 건물은 박물관으로 쓰이며, 들어가 보기 전에는 그곳이 교회인지 교회의 모습을 한 다른 장소인지 알 수 없습니다. 즉 교회에 '들어가야만' 비로소 이해할 수 있는 이야기들이 있습니다.

교회에 들어가서 우리가 발견하는 모습은 겉모습과는 다릅니다. 교회는 독특한, 살아 있는 유기체입니다. 교회에는 하느님과 인간이 동시에, 어느 하나도 더하거나 덜하지 않게 있습니다. 하느님의 충만함이 깃들어 있는 한편, 완전히 인간적이기도 합니다. 이미 완성된 것과 완성을 향해 나아가는 일이, 비극과 찬란한 영광이 교차합니다. 하느님의 충만함은 사람의 아들이 되신 하느님의 아들, 주님이신 예수 그리스도의 인격에 깃들어 있습니다. 오순절에 강림하신 성령의 현존 안에서 하느님의 충만함은 우리 곁에 머무릅니다. 우리가 이 충만함에 참여하는 것은 우리가 그리스도와 성령 안에서 하느님 안에 있기 때문입니다. 그래서 우리 주 예수 그리스도의 아버지는 우리의 아버지이며, 우리의 하느님입니다. 그러나 교회는 또한 인간적입니다. 주님이신 예수 그리스도의 인격 안에서 우리는 인간을 봅니다. 인간의 어느 한 단면이 아니라 다채로운 인간성이 그곳에 있습니다. 본연의 인간, 하느님과 하나 된 인간의 모습을 봅니다. 그런 면에서 예수 그리스도만이 참된 인간입니다. 그분만이 완전한 인간입니다. 여기서 완전이란 인간성의 완전한 성취를 의미합니다. 그러나 교회는 또 다른 차원에서 인간적입니다. 불완전한 인간의 모습, 완성을 향해 나아가는 인간의 모습, 우리의 모습이 있습니다. 우리는 두 가지 의미에서 불완전합니다. 하느님을 향해 나아가려고 애쓰지만 부족하다는 뜻에서 우리는 불완전합니다. 또한, 수시로 하느님에게 등을 돌린다는 뜻에서 불완전합니다. 중요한 것은 불완전함은 성공과 실패의 문제가 아니라는 사실입니다. 이것은 방향의 문제입니다. 시리아의 에프렘Ephraim of Syria* 성인은 교회를 가리켜 성도의 모임이 아니라 뉘우치는 죄인의 무리라고 말한 바 있습니다. '뉘우치는 죄인'이란 울부짖는 죄인을 말하는 것이 아닙니

---

* 시리아의 에프렘(306?-373)은 에데사의 에프렘Ephrem of Edessa, 혹은 니시비스의 에프렘Aprem of Nisibis으로도 불리는 신학자이자 작가다. 보제 서품을 받은 뒤 교육 활동의 차원에서 수많은 시리아어 찬미가, 그리고 성서 주석을 썼다. 동서방 교회에서 모두 성인으로 공경하며, 특히 시리아 그리스도인들은 특별한 의미를 담아 그를 기린다. 정교회에서는 1월 28일을 축일로 기리고 있다.

다. 이는 하느님께로 돌이켜 하느님을 향해 나아가는 사람을 가리킵니다. 그런 사람들은 때로 넘어지더라도 일어납니다.

그러나 우리의 인간성에는 또 다른 차원도 있습니다. 죄를 짓고 뉘우침을 반복하는 비극적인 분투도, 영광스러운 성인의 모습도 아닌 또 다른 측면, 추한 모습, 하찮은 모습, 배신하고 부인하는 모습이 있습니다. 잎사귀만 무성한 채 열매 맺지 못하는 무화과나무의 모습입니다. 우리가 우리 자신을 주의 깊게, 정직하게 돌아본다면, 이런 모습을 발견할 수 있을 것입니다. 누구나, 어떤 식으로든 이런 모습을 지니고 있습니다. 교회에 남아 있으려고 하면서도 우리는 우리를 부르시는 하느님을 외면합니다. 그리스도는 세상을 구원하고자 세상에 오셨습니다. 그리고 이 일을, 당신의 일을, 우리에게 맡기셨습니다. 제임스 모팻James Moffatt**은 서신서를 번역하며 이렇게 덧붙였습니다.

** 제임스 모팻(1870~1944)은 스코틀랜드 출신 신학자다. 글래스고 대학, 글래스고 프리 처치 칼리지에서 공부했고 세인트앤드루스 대학교에서 박사 학위를 받았다. 목회자로 잠시 활동한 뒤 이후 옥스퍼드 대학교 맨스필드 칼리지에서 그리스어와 신약성서 주석 담당 교수로 활동했다. 나중에는 뉴욕 유니언 신학교 워시번 석좌교수(교회사)를 지냈다. 그가 옮긴 모팻판 신약성서Moffat New Translation, MNT는 표준 현대 영역본 성서 중 하나다.

우리는 천국의 선봉대다. 우리의 집은 천국이다. 하느님이
우리 가운데 계신다면, 또 우리가 하느님이 계신 곳에 있다
면, 우리는 어디에 있든 천국에 있다.

그리스도께서는 우리에게 본을 보이셨다고 말씀하셨습니
다. 우리는 그분의 발걸음을 따라야 할 뿐 아니라, 그분께서
보여 주신 본을 따라 그대로 행해야 합니다. 그분이 살아가
신 삶을 살아야 합니다. 앎 닿는 데까지, 힘닿는 데까지, 하
느님의 권능에 우리 자신을 열 수 있는 데까지 그렇게 해야
합니다. 우리의 약함을 하느님 앞에 온전히 내려놓을 때, 하
느님의 권능은 우리의 약함 안에서 드러납니다.

　그런데도 우리는 교회를 일종의 피난처로 여기곤 합니다.
우리는 삶에서 교회로 도망칩니다. 교회 안의 삶으로 숨습니
다. 얼마나 자주, 우리는 "어린 양을 이리 떼 가운데로 보내
듯"(제가 이 표현을 반복하는 이유는 이런 상황이 세계 각국에서, 도처
에서 벌어지기 때문입니다) 교회 바깥으로 나가는 대신 기다렸
다는 듯이 모든 위험을 피해 달아나 숨어서는 어떤 도전에도
응하지 않곤 합니까? 하느님께서는 세상에 나가 당신의 구
원 활동에 동참하라고 하셨습니다. 그러나 우리는 이내 돌아
와서는 그분의 옷자락 안에 숨습니다. 대단한 삶을 살아야

한다는 이야기가 아닙니다. 순교하라는 말이 아닙니다. 우리의 일상을 이야기하는 것입니다. 우리는 그리스도의 방식대로 살지 않습니다. 우리의 방식에 하느님이 맞추어 주시기를 바랍니다. 하느님이 우리를 보호하시고, 도우시고, 지키시기를 바랍니다. 사실상 하느님께 이렇게 간구하는 것이나 다름없습니다. "주님, 죽는 게 두렵습니다. 저를 위해 죽어 주세요. 제 이웃을 위해 죽어 주세요. 아니, 주님을 위해 죽어 주세요." 물론 문자 그대로 이렇게 기도하지야 않겠지만, 삶으로 그렇게 이야기합니다.

이 부분이 정말로 무섭습니다. 우리 모두 선교사가 되어야 한다는 말이 아닙니다. 모두가 전 세계를 돌아다니며 무언가를 선포해야 한다는 말도 아닙니다. 그러나 우리는 선택해야 합니다. 입장을 분명하게 해야 할 때, 어떤 길을 선택해야 할 때가 오기 마련입니다. 스스로 물어봅시다. 신경을 외운다는 것, 신앙을 고백한다는 것의 의미는 무엇입니까? 신앙이 그저 하나의 세계관입니까? 타당한 여러 철학 중 더 마음에 드는 것에 불과합니까? 아니면 하나의 약속이자 우리를 묶는 경험적 지식입니까? 이런 질문은 여러 영역에 던질 수 있습니다.

이 이야기가 슬프게 들리는 분도 있을 겁니다. 아니, 슬픈 이야기입니다. 그러나 저는 믿습니다. 진실이 우리를 구원할 것이라고요. 중병에 걸린 환자에게 아무 일 없을 것이라고 말해 주느라 그를 죽게 내버려 둔다면 이는 잘못된 일입니다. 길을 잘못 든 여행자에게 쓴소리하기 싫어 이를 알려 주지 않는 것 역시 잘못입니다. 우리 각자의 삶에 교회의 다양한 모습이 들어있습니다. 우리는 교회에 속한 사람들입니다. 우리는 하느님의 자녀입니다. 그리스도는 우리의 구원자이자 하느님일 뿐 아니라, 인성으로는 우리의 형제입니다. 기도 안에서, 성사 안에서 그리스도는 우리의 형제입니다. 우리의 영혼이 소리 없이 성장할 때, 우리가 소리 없이 분투할 때, 이미 영광은 우리를 에워싸고 있습니다. 교회가 바로 그 영광입니다. 유리 페오도로비치 사마린Yuri Feodorovich Samarin*은 교회를 인간적이면서도 신적인 사랑의 유기체로 묘사했습니다. 우리는 희망과 믿음을 품고, 사랑을 배워 나가며, 하느님을 신뢰하고 하느님 안에서 기뻐하며, 우리를 위하여 울며, 우리를 있는 그대로 사랑하시는 하느님의 사랑

---

* 유리 표도로비치 사마린(1819~1876)은 러시아의 사상가다. 모스크바 대학교에서 공부하고 처음에는 헤겔 철학에 매료되었으나 점차 친슬라브주의에 빠져들었고 이 운동에 적극적으로 참여했다. 정교회, 민족 문제와 농노 문제에 관해 많은 분량의 글을 계속하여 집필했으며 농노제의 단계적 철폐를 옹호했다.

에 감사하며 하느님을 향해 움직여 나가는 사람들 무리에 속해 있습니다. 그러나 동시에 우리에게는 (어쩌면 제 모습을 보고는 여러분을 임의로 판단하는 것일지 모르지만) 여전히 구약의 이야기가, 뉘우침도, 완성도 아닌 반역의 모습이 만연해 있습니다. 얼마 전 다녀왔던 피정에서 저는 여전히 우리 안에 살아가는 구약의 인물들을 이야기한 적이 있습니다. 아담, 하와, 카인, 라멕, 그 외 허다한 인물들이 우리 안에 있습니다. 성경에서 그리듯 적나라한 모습으로 있지는 않습니다. 그 적나라한 시각은 하느님의 시선입니다. 그러나 그들은 여전히 우리 안에 있습니다. 희석된 모습으로 우리 안에 남아 있습니다. 저는 그들의 죄가 아니라 우리의 현실을 이야기하고 있습니다. 우리가 눈을 감은 채 보고 싶어 하지 않는 우리의 현실 말이지요. 우리는 받은 것에 만족하고 더 완전한 것을 추구하지 않습니다. 하느님께 붙어 기생충처럼 살아가며, 하느님께서 세상으로 보내실 수 있는 신뢰할 만한 존재가 되는 대신 하느님의 보호를 구하고 하느님 안에서 피난처를 찾습니다. 때로는 하느님을 사실상 오락거리로 여기기도 합니다 (신학은 지적 오락이 될 수 있습니다).

생각해 봅시다. 우리가 병원에 가려 한다면 아마 무언가 잘못되었다는 느낌이 들었기 때문일 겁니다. 어딘가 아프다

거나, 한창 건강할 땐 없던 증세가 있다거나 하겠지요. 쇠약
해지거나 피로하거나 통증을 느끼거나 우울함이, 심적 고통
이, 두려움이 있었을 것입니다. 그럴 때 우리는 병원을 찾습
니다. 그럴 때 우리는 몸에 관해 얼마나 골몰하며 생각하는
지 모릅니다. 그러고는 의사에게 가서 우리 몸의 상태를 가
능한 한 자세히 설명합니다. 이를 깨닫고 회복을 도울 조언
과 처방을 구하기 위해서 그렇게 합니다. 이 과정은 창조적
입니다. 그렇게 우리는 장벽을 허물고, 자유를 향해 나아가
며, 수동성을 버리고 능동적으로, 창조적으로 변화합니다.
죽음이나 질병에서 생명과 건강으로 돌아서는 과정은 이러
합니다.

　시작은 이 정도만 하겠습니다. 너무 비관적인 이야기라고
생각하지는 말아 주십시오. 실은 제가 전하고픈 것은 희망의
목소리입니다. 우리가 상황을 진실하게 바라본다면, 이를 바
로잡을 수 있다는 확신의 목소리라고 생각해 주십시오. "하
느님의 도우심으로" 그렇게 할 수 있다고 섣불리 말하지는
않겠습니다. 물론 하느님은 우리를 도우실 것입니다. 그러
나 그와 더불어 우리가 할 수 있는 일이 너무도 많습니다. 아
름다움을 위해, 회복을 위해, 생명을 위해, 진리를 위해, 그분
의 이름으로, 우리의 이름으로 할 수 있는 것이 너무나 많습

니다. 우리 안에 하느님의 위대함이 이미 깃들어 있기에, 우리 안에 하느님의 형상이 이미 새겨져 있기 때문입니다. 그러므로 제가 한 이야기를 새로운 충만함에 이르는 여정의 서언으로, 승리의 싸움을 시작하는 선언으로 생각해 주십시오.

이제부터는 하느님께서 주셨지만, 우리가 잘못 사용하고 있는 몇 가지에 대해 이야기하려 합니다. 하지만 생각을 나누고 논의할 필요도 있으므로 두 번째 발표 후에는 열린 토론의 시간을 마련하고자 합니다. 오늘 제가 전한 이야기, 그리고 앞으로 전할 이야기에 관해 의견을 주시면 좋겠습니다. 가능하면 질문을 써서 보내 주십시오. 저도 다시 한번 생각할 시간을 갖게 되고, 무엇보다 정리를 할 시간을 가질 수 있기 때문입니다. 여러 질문은 양상은 다르나 내용은 같은 경우가 많습니다. 그러므로 하나의 답변으로 여러 질문에 대답하는 것이 더 포괄적이고 더 의미 있을 수 있습니다.

그리고 이야기를 이어가겠습니다. 이야기가 계속된다고 두려워하지 마시기 바랍니다. 이 시간이 계속되지는 않으니까요. 네다섯 번 모임을 일단 진행해 보고 향후 방향을 생각해 봅시다. 존 리John Lee 신부님이 또 다른 강연을 진행하시거나, 아니면 제가 계속할 수도 있습니다. 저는 네다섯 번 정도가 좋은 것 같습니다. 그것이 저를 있는 그대로 더 잘 드러

널 방법일지도 모르겠다는 생각이 드네요. 무엇보다 여러분 스스로 물어보십시오. 이제 일흔다섯을 갓 넘긴 노인이 그리스도인이 되지 못했다는 생각에, 아직도 바닥 신세를 면치 못하고 있다고 생각하며 한탄하는 이유가 무엇인지 말입니다.

인생에서 한 번쯤은 그리스도의 옷자락을 만져보았기에 여러분이
이 자리에 있겠지요. 그리고 그로 인해 여러분은 어떤 확신을 하게
되었을 겁니다. 그게 순간으로 끝났을지라도, 확신을 얻게 되었다
는 사실은 변하지 않습니다. 확신을 이제는 잃었다 할지라도, 여러
분이 무언가를 알았다는 사실은 변하지 않습니다.

믿나이다

1990년 2월 22일

강연에 본격적으로 들어가기에 앞서 지난 강연 이야기를 좀 하겠습니다. 지난 강연을 듣고 몇몇 분이 이런 항의를 하시더군요. "격려와 영감을 얻으려고 들은 강연인데, 당신은 도대체 무슨 자격으로 우리에게 절망을 안겨줍니까?" 하지만 저는 절망을 주려 이 자리에 서지 않았습니다. 다만, 의사가 환자에게 그가 처한 상황을 사실대로 이야기하고 실질적인 처방을 내림으로써 그를 치유하고 온전한 삶을 찾도록 돕듯, 우리가 처한 현실에 관해 정직하게 이야기함으로써 진실의 빛으로 허위의 어둠을 몰아내려 했을 뿐이지요. 신앙 공동체이자 교회인 우리를 에워싼 어둠 말입니다.

우리 한 사람 한 사람에게, 그리고 우리 가운데, 커다란 빛과 진리와 아름다움이 깃들어 있다고 저는 믿어 의심치 않습니다. 그러나 얼마만큼의 어둠이 있는 것도 사실입니다. 우리는 그리스도를 충실히 따르지 않고, 복음을 충실히 따르지 않고, 서로를 속이고, 심지어 자신을 속이기도 합니다. 죄를 고백할 때, 그런 사실을 머릿속에 떠올리는 것으로는 부족합니다. 이런 것들은 하나하나, 또 전체적으로 직면해야 합니다. 변화를 위해서는 문제를 대담히 직면해야 하고, 문제를 파고들어야 합니다. 결국 이 길은 십자가의 길일 것입니다. 옛 사람은 하느님과 우리와 하느님의 교회에 합당하지 않은 모든 것과 함께 십자가에 못 박혀야 할 것입니다.

　　그러나 십자가의 길이 십자가에서 끝나는 것이 아님을 기억해야 합니다. 십자가의 길은 십자가 너머로 뻗어 지옥으로 내려가며, 지옥을 넘어 부활로, 마침내 영광스러운 승천으로 이어집니다. 그러니 우리가 걷는 십자가의 길은 형장을 향하는 길이 아닙니다. 심판대를 향한 길이 아닙니다. 우리가 저지른 잘못에 대가를 치르는 길도 아닙니다. 우리는 그리스도의 충만함을 얻으려 그 비극의 자리, 당신의 죽음으로 우리를 치유하신 자리로 나아갑니다. 그러므로 저는 모든 일을 희망을 품고 행합니다. 믿음을 품고 행합니다. 여러분 한 사람 한 사람에 대한 믿음을 품고, 하느님의 교회에 대한 믿음을 품고 행합니다. 또한, 저에 대한 믿음을 품고 말한다고 감히 말하겠습니다. 저라는 사람을 믿어서가 아닙니다. 하느님께서 우리 한 사람 한 사람을 창조하셨다면, 당신의 숨결을 불어넣으시며 우리를 이 비극적 세상으로 보내셨다면, 그건 하느님이 우리에게 믿음을 두고 계시기 때문임을, 우리를 신뢰하시기 때문임을, 우리를 향해 모든 희망을 품고 계심을 알기 때문입니다. 이 얼마나 감동적인 사실입니까. 얼마나 용기를 주는 사실입니까.

지난 강연에 대한 또 다른 분의 반응도 소개해 드리겠습니다. 그분은 제가 교회의 비극 운운하고 저도 그렇다고 말하며 저를 향한 여러분의 기대와 존경을 저버리고 있다고 말씀하시더군요. 그러나 사실이 그러합니다. 사는 동안 저는 언제나 교회의 일부였고, 교회에서 한 구획을 차지하고 있습니다. 그리고 깊이, 정직하게 저를 돌아본 결과, 사십여 년간 교우들의 고해를 들어본 결과 이런 오류에 빠진 게 저 하나만이 아니라는 점을 분명히 알게 되었습니다.

동양 선불교 전통에 이런 말이 있다고 합니다.

화살이 화살 쏜 사람의 가슴을 뚫지 못하면

과녁도 꿰뚫지 못한다.

이는 그리스도교 전통에서 나온 말은 아니지만, 이 상황에 적확한 통찰을 담고 있습니다. 제가 하는 모든 말은 저에게 날아오는 화살이며 또한 여러분을 향해 날아가는 화살입니다. 어떤 분들은 듣고, 어떤 분들은 듣지 않을 것입니다. 어떤 분들에게는 제 말이 매정하고 부당하게 들릴지도 모릅니다. 어떤 분들은 격려와 도움을 받을지도요. 어떤 경우든 저는 이제 이런 이야기를 할 시간이 되었다고 생각합니다. 10년이 남았든, 20년이 남았든 제 생에 남은 기간은 제 생에서 가장 좋았던 것과 나빴던 것을 모아 여러분과 나누려 합니다. 여러분과 저는 진실로 하나라고, 우리의 운명은 너무나 깊이 연결되어 있다고 느끼기 때문입니다. 그러므로 이제 정직함과 존중, 자비로운 마음을 품고, 그리고 진리를 깨닫고 이를 살아내려는 열정과 대담함을 품고 함께 생각해 봅시다.

이제는 복음에 비추어, 신경에 비추어, 주님의 기도에 비추어 그리스도인으로서 우리가 처한 상황에 대해 살펴보려 합니다. 여기서 하는 이야기들은 일종의 예시에 지나지 않으며 하나하나 파고들면 훨씬 더 많은 이야기를 할 수 있을 겁니다.

하느님 자신에 대한, 또 인간에 대한, 그리고 세상에 대한 하느님의 계시, 신경과 복음이 가르치는 바를 우리는 두 가지 방식으로 받아들일 수 있습니다. 그중 한 길은 열매를 맺지 못하는 메마른 길입니다. 즉 복음을 일종의 아름다운 이상으로 여기는 것입니다. 일부는 받아들이고 일부는 지나치는, 어느 정도는 따르지만, 대부분은 우리 능력 밖이므로 포기하는 이상 말이지요. 이런 시각에서 복음서는 하나의 아름다운 전경을 보여 주는 책, 이 세상, 지금 우리의 현실, 이웃의 현실과 근본적으로 완전히 다른 세상에서나 보았을 광경을 보여 주는 책입니다. 마찬가지 관점으로 신경과 교회의 가르침을 본다면 어떨까요? 다른 사람들의 지식, 하느님과 성인, 신학자들이 우리에게 나누어주는 지식일 겁니다. 아무 생각 없이 고스란히 받아들이면 세계관을 구축할 수 있는 그런 지식 말이지요. 그러나 신경을 고백하는 목적이 거기에 있을까요? 심오한 신학과 교리의 목적이 그런 데 있을까요? 주님의 기도는 어떨까요?

전례에서 우리가 고백하는 니케아 신경의 첫 마디는 '나는 믿나이다'입니다. 신경을 고백하며 우리 한 사람 한 사람은 그 고백에 책임을 집니다. 이 고백은 다른 사람이 할 수 없습니다. 신경을 통해 우리는 우리가 무엇을 믿는지를 선언합니다. 이것이 무엇을 의미할까요? 사도들을 생각한다면, 성인들을 생각한다면, 이는 꽤 분명합니다. 그리스도를 믿는다고 고백했을 때, 그들은 이렇게 말한 것입니다.

> 우리는 평생을 통해 그분을 알았습니다. 우리가 어렸을 때 그분도 어린아이로 알았습니다. 우리가 자라났을 때 우리는 그분을 우리의 이웃으로 알았습니다. 그분은 여러 젊은이 가운데 하나였습니다. 그러나 처음부터 그분은 무언가 다르다고, 그분 안에는 우리에게는 없는, 다른 사람에게는 없는 무언가가 있다는 사실을 알았습니다. 그리고 그분과 함께하며 우리는 그분이 참으로 어떤 분인지 점차 깨달았습니다. 그분은 우리의 인도자이자 주님이셨고, 하느님이셨습니다. 살아 있는 인간이 되신 살아 계신 하느님, 참 인간이 되신 참 하느님이셨습니다.

사도들은 바로 이 소식을 주위 모든 사람에게 전했습니다. 하느님이 인간이 되시어 세상에 오셨다고, 당신이 인간의 몸을 입으실 정도로 이 세상을 당신과 긴밀히 연합하게 하셨다고, 그러면서도 육신 안에 하느님의 충만함이 깃들어 있었다고 말입니다.

사도들은 그리스도의 십자가 죽음을 최고의 연대, 감히 상상조차 할 수 없는 연대, 그러나 참된 연대, 인간과 마주한 하느님, 하느님과 마주한 인간이 맺은 연대로 묘사하였습니다. 그리고 죽음의 세계로 내려가시어 모든 어둠을 정복하시고 죄에 맞서, 사탄에 맞서 승리하셨으며, 사흘째 되는 날 부활하셨다고 고백합니다. 그들은 이 모두를 알았습니다. 경험으로 알았습니다. 그래서 그들은 이렇게 말할 수 있었습니다.

나는 압니다. 나는 보았습니다. 나는 깨달았습니다. 의심할 여지가 없습니다.

바울은 그들 가운데 없었습니다. 그는 사도들을 박해한 사람이었습니다. 그러나 그리스도를, 십자가에 못 박혀 죽었다가, 살아나시고 하느님의 영광스러운 광채로 빛나던 나자렛 예수를 직접 만나게 되자 바울은 그분이 누구인지 알았고, 그분에게 삶을 드렸으며, 마지막에는 그분을 위해 목숨까지 바쳤습니다.

그리스도에 관해 사도들이 이야기한 모든 것, 복음서가 기록한 모든 것, 서신서에서 우리가 읽는 모든 것, 기록되지 않은 전승, 교회의 기억까지, 이 모든 전통은 그들의 살아 있는 경험에 바탕을 두고 있습니다. 그들은 알았습니다. 보았기 때문입니다. 들었기 때문입니다. 그들은 알았고, 확신했습니다. 성인들도 마찬가지였으며 그렇기에 이렇게 말할 수 있었습니다.

> 저는 하느님이 계심을 압니다. 그분을 만났기 때문입니다. 저는 부활을 압니다. 그리스도를 만났기 때문입니다. 이 부활은 분명 저와 상관이 있음을 압니다. 그리스도를 만나 제가 새로운 사람이 되었기 때문입니다. 저는 죽었습니다. 그러나 보십시오. 생명을 얻었습니다.

그러나 모두가 그렇지는 않습니다. 여러분은 어느 정도 믿고 계십니까? 저 신앙의 고백을 온전히 선언할 수 있나요? 물론 인생에서 한 번쯤은 그리스도의 옷자락을 만져보았기에 여러분이 이 자리에 있겠지요. 그리고 그로 인해 여러분은 어떤 확신을 하게 되었을 겁니다. 그게 순간으로 끝났을지라도, 확신을 얻게 되었다는 사실은 변하지 않습니다. 확신을 이제는 잃었다 할지라도, 여러분이 무언가를 알았다는 사실은 변하지 않습니다.

신앙의 순간, 그 생생한 경험, 히브리인들에게 보낸 편지에 따르면 "볼 수 없는 것들을 확증해 준"(히브 11:1) 그 시간을 이집트의 마카리우스 성인Saint Macarius of Egypt*은 이렇게 묘사합니다.

어느 날 밤, 한 사람이 조그만 나룻배 위에 올라타 누워서는 하늘을, 그 헤아릴 수 없는 심연을 바라봅니다. 그렇게 몇 시간이 흐릅니다. 어느덧 썰물이 되어 배는 모래톱 위에 걸립니다. 이제 파도는 배를 더는 흔들지 않습니다. 그러나 배 위에 누워 있던 사람은, 마치 그 상황이 계속되기라도 하는 것 같은, 배가 파도에 흔들리는 것 같은 경험을 합니다. 이내 이조차 사라지고, 아침이 되어 동이 틉니다. 더는 별조차 보이지 않는 순간이 찾아옵니다. 모든 것이 변했습니다. 그러나 변하지 않는 무언가가 있습니다. 그는 그가 전날 밤 경

---

* 마카리우스(295~392)는 대大마카리우스Macarius the Great로도 불리며 이집트 출신 시리아 사막 교부 중 한 사람이다. 니트리아에서 무역을 하는 낙타몰이꾼이었던 그는 스케티스 개척자들 중 한 사람이었다. 초기 사막 수도사들이 그랬듯 그도 이곳저곳을 여행했고 어떤 한 장소에 정착하지 않았다. 안토니우스의 영향을 크게 받았으며 적어도 두 차례 안토니우스를 방문한 것으로 보인다. 그가 남긴 것으로 간주되는 이른바 50여 개의 영적 설교들은 서방 교회에 커다란 영향을 미쳤다. 동방 정교회는 1월 19일을 축일로 기린다.

험했던 것을 분명 알고 있습니다.

이와 비슷한 맥락에서 프랑스의 소설가 레옹 블루아Léon Bloy*
는 말했습니다.

고통은 지나가지만, 고통의 기억은 사라지지 않는다.

모든 경험은 지나갑니다. 영원히 계속되는 경험은 없습니
다. 그러나 한 번 경험하고 나면, 그 경험이 우리 안으로 스
며들면, 우리를 사로잡고 나면, 그 경험은 영원히 우리 곁에
남습니다. 그런 의미에서 우리 그리스도인들에게는 반드시
어떤 경험이 있습니다. 얼마나 분명하든, 얼마나 깊든, 얼마
나 생생하든, 하느님이 계신다는 사실을 알게 된 경험, 그리
스도가 어떤 분인지를 알게 된 경험이 있습니다. 이런 경험

---

* 레옹 블루아(1846~1917)는 프랑스의 소설가이자 수필가, 시인, 비평가,
논객이다. 열렬한 로마 가톨릭 개종자로 조르주 루오Georges Rouault , 자
크 마리탱Jacques Maritain과 친밀한 관계를 유지했으며 기 드 모파상Guy de
Maupassant, 에른스트 르낭Ernest Renan, 아나톨 프랑스Anatole France 등을 비
판했다. 고통과 궁핍 안에서 인간은 성령에 의해 구원을 받으며 우주
의 숨긴 언어를 깨닫게 된다는 자신의 신념을 다양한 방식으로 표현
했다. 주요 저서로 소설 『절망』Le Désespéré(1886), 『가난한 여인』La Femme
pauvre, 에세이 『가난한 자의 피』Le Sang du Pauvre 등이 있다.

은 한 가지가 될 수도 있고, 여러 가지가 될 수도 있습니다. 대단한 경험이 아닐 수도 있고, 희미한 경험일 수도 있습니다. 하지만 우리는 이 경험과 함께 계속 앞으로 나아갑니다.

　이 사건은 다양한 방식으로 일어날 수 있습니다. 아토스 산 수도 공동체들에서 전해지는 말이 있습니다.

> 한 사람의 얼굴, 눈동자에서 영원한 생명이 빛나는 모습을 본 사람만이 세상을 부인하고 하느님 안에 거하는 삶으로 온전히 나아갈 수 있다.

아마도 세라핌 성인Saint Seraphim과 대화를 나누던 중 성인에게서 하느님의 영광이 빛나는 모습을 본 모토빌로프Nikolay Motovilov의 이야기에서 이러한 경험을 짐작해 볼 수 있을 듯합니다. 복음서에 나오는, 그리스도께서 태어날 때부터 앞을 보지 못했던 사람의 눈을 고쳐주신 이야기에서도 이를 상상해 볼 수 있겠지요. 나면서부터 앞을 보지 못했고, 평생 아무것도 보지 못한 채 살아왔던 이 사람이 처음 눈을 뜨고 본 것은 인간이 되신 하느님의 얼굴이었습니다. 하느님의 자비와 사랑으로 반짝이는 눈동자였습니다. 이 얼마나 엄청난 경험입니까?

성인이나 그리스도의 얼굴에서만 하느님을 볼 수 있는 것은 아닙니다. 때로는 가장 보잘것없는 사람의 얼굴에서조차 우리는 하느님의 빛을 볼 수 있습니다. 하느님의 은총이 한 사람을 사로잡을 때, 한 사람을 하느님이 뒤흔들고 움직이실 때, 하느님의 빛이 강렬하게, 때로는 은은하게 배어 나옵니다.

신앙이 우리에게 닿는 또 다른 길도 있습니다. 한 40대 남성분이 여기에 오셨던 적이 있습니다. 그분은 신자가 아니었습니다. 아니, 오히려 그리스도교에 적대적인 분이었지요. 그랬던 분이 교우분에게 전달할 물건이 있어 교회에 와 뒷자리에 앉아 있었는데, 문득 이 공간을 채운 무언가의 존재를 느꼈다고 합니다. 그래서 다음에는 전례가 없을 때 와봤는데, 그때도 그 무언가를 느낄 수 있었다고 합니다. 그 현실, 그 실재, 그것은 바로 하느님의 존재였습니다. 노래나 촛불, 성화나 사람들의 기도가 만들어 낸 것이 아니었습니다. 바로 하느님의 존재였습니다. 하느님의 존재가 그분을 사로잡은 것입니다.

또 다른 한 분의 이야기도 있습니다. 한 젊은 여성분이었는데, 그분은 하느님께 도전하려는 마음으로 성찬 예배에 오셨었지요. 예배에 참석하신 다음 그분은 저에게 이런 편지를 써서 보냈습니다.

저는 오랜 기간 하느님이 정말 계신지 의구심을 품고 있었습니다. 이와 관련해 가족도, 사제들도, 교회도 아무런 도움이 되지 못했었지요. 세례를 받기는 했지만, 하느님이 제 곁에 계시지 않는다는 생각만 가득했습니다. 그런 상태로 성찬에 참여했지요. 성체를 받으며 저는 속으로 말했습니다. '어디 한번 당신이 계신다는 징표를 보여 주시죠!' 그런데 이후에 무언가 바뀌었습니다. 여전히 하느님이 계신지는 잘 모르겠어요. 하지만 제가 받은 것이 단순히 빵과 포도주는 아니었던 것 같습니다.

이 길 또한 하나의 시작입니다.

복음서를 읽는 와중에, 특정 구절이 너무나 강한 힘으로 정신과 영혼을 사로잡아 이것이 진리임을 알게 되는 이들도 있습니다. 이는 그들 안에서 일어나는 일이 아니라 그들 너머에서 다가오는 일입니다. 히브리인들에게 보낸 편지에 따르면 하느님의 말씀은 날카로운 칼과 같아 우리 속을 꿰뚫어 혼과 영을 갈라내고, 관절과 골수를 갈라놓기까지 하며, 마음에 품은 생각과 의도를 밝혀냅니다. 그리스도께서도 당신이 빛과 어둠을 갈라놓을 칼을 가져오셨다고 말씀하셨습니다.

이 모든 방식으로 사람들은 어떤 인격적인 경험을 합니다. 이 경험은 강렬할 때도 있고, 비교적 잔잔할 때도 있습니다. 오랫동안 이어질 수도 있고, 특정 순간에 한정될 수도 있습니다. 어떤 것이든, 이 경험은 실제적입니다. 이 경험은 경험 전과 후를 갈라놓습니다.

이 경험은 한 사람에게서 나름의 방식으로 일어나지만, 결코 개인의 차원에서 멈추지 않습니다. 우리는 이를 통해 우리가 함께한다는 사실을 깨닫고, 나눔과 친교의 신비를 통해, 기도를 통해, 말과 글을 통해 우리 자신을 넘어 더 넓고, 깊은 곳으로 나아갑니다. 그런 면에서 이 경험은 하나의 불꽃과 같습니다. 주위를 둘러보면, 이런 불꽃을 품고 있는 이들이 보입니다. 어떤 사람의 불꽃은 더 밝게 빛나 내 약한 불꽃으로는 보지 못했던 것을 보여 줍니다. 하지만 이들의 불꽃 또한 본질상 우리의 것과 다르지 않습니다. 그렇기에 우리는 우리가 하지 못한, 우리 너머에 있는 경험, 우리 바깥에 있는 경험과도 소통하기 시작합니다. 우리가 서로 같은 불꽃을 품고 있다는 사실을 신뢰하고 다른 이에게 마음을 열기 시작합니다. 다른 사람의 경험과 소통하는 과정에서 우리 자신의 경계를 넘어서기 시작합니다. 한 사람에게서 다른 사람으로, 한 상황에서 다른 상황으로, 한 시대에서 다른 시대로, 그렇게 우리의 신앙은 더 넓게, 더 깊게, 더 풍요롭게 자라납니다.

그리고 어느 순간, 우리는 본질적인 지점에 도달합니다. 이것이 없이는 하느님을 아는 것이 무의미하다고 깨닫는 순간이 다가옵니다. 하느님이 여전히 신비라는 사실을 깨닫는 순간이 찾아옵니다. 여기서 신비mystery란 통상적인 의미에서 신비를 가리키지 않습니다. 그분을 앞에 두고 우리 자신에게서 벗어나는 순간, 그분의 현존 앞에서 생각, 감정, 의지, 모든 것이 멈추고 오직 그분만을 경배하며 관상하게 되는 순간이 바로 신비입니다. 니사의 그레고리우스Gregory of Nyssa는 이러한 신비를 가리켜 거룩한 어둠이라고 불렀지요. 하느님이 어둠이라는 뜻이 아니라, 그분의 깊이를 우리가 감히 헤아릴 수 없기에 그렇습니다. 얼마나 구체적으로 자신의 신앙을 표현하든, 신앙의 여정에서는 앎에서 경배로 나아가는 순간이 찾아옵니다. 그때 지식은 멈추고 친교가 시작됩니다.

하느님에 관한 가장 심오하고 완전한 앎을 다른 사람과 나눌 수 있는 이들이 있습니다. 모든 신조, 모든 신학 진술은 그들이 자신의 앎을 언어로 표현하려고 한 것입니다. 중요한 것은 신조가 담고 있는 것이 하느님에 관한 앎이지, 그분에 관한 정보가 아니라는 사실입니다. 마찬가지로, 교리와 교의가 이야기하고 있는 것은 하느님의 활동과 하느님의 방식에 관한 앎입니다. 성경에 담긴 내용을 학문적으로 세련되게 정교화한 것이 아닙니다. 그렇기에 신앙을 고백할 때, '나는 믿나이다'라고 말할 때, 그 고백은 '나'에게 도전합니다. '나'에게 도전하고 '나'를 심판합니다.

정교회 전례에서는 신앙을 고백하기 전에, 그러니까 "나는 믿나이다"라고 하기 전에, 보제나 사제가 회중을 향해 돌아서 "서로 사랑합시다. 그리하여 한마음으로 성부, 성자, 성령을 고백합시다"라고 말하기도 합니다. 실제로 신경을 주의 깊게 살펴보면 신경 전체가 결국 우리에게 전하는 말은 이것임을 알 수 있습니다. 하느님은 완전하신 분이고, 당신을 내어주시는 사랑이시고, 사랑으로 우리를 창조하시고 당신을 내어주시는 창조주라는 고백 말이지요. 그러나 고백자 막시무스Maximus the Confessor의 말처럼, 하느님께서는 모든 것을 할 수 있는 분이시지만 그분이 하실 수 없는 것이 딱 하나 있습니다. 그분은 사랑을 강요하지 못하십니다. 억지로 사람을 움직여 당신의 사랑에 사랑으로 응답하게 하실 수 없습니다. 우리를 창조하심으로써 그분은 거절을 받아들이셨

습니다. 하느님의 사랑을 인간이 거절할 수 있음을 하느님
은 받아들이십니다. 이것이 십자가의 신비가 시작하는 지점
입니다.

이어서 우리는 우리를 위해 오시어 십자가에 못 박히신
그리스도를 고백합니다. 그리고 성령을 고백합니다. 그렇게
우리는 세 위격을, 당신을 내어주신 하나의 사랑을 고백합니
다. 이는 기쁨의 사랑, 영광의 사랑입니다. 이 사랑이 승리를
거둡니다. 자신을 내어주는 사랑 너머에는 충만한 생명이 있
기 때문입니다. 충만한 생명의 승리를 우리는 고백합니다.
이런 신경의 말들은 결코 우리가 믿는 하느님에 대한 '설명'
으로 받아들이고 읊어서는 안 됩니다. 굳이 설명이라는 말을
쓴다면, 신경이 그분과 관련해 설명하는 것은 오직 하나입
니다. 우리가 하느님의 사랑이 일어난 원인이며, 그분의 사
랑이 향하는 대상이라고 말이지요. 그렇기에 신경을 고백할
때, 그 고백은 동시에 우리의 응답을 요구합니다. 신경을 단
한마디로 요약한다면 "나는 사랑이신 하느님을 믿습니다"가
될 것입니다. 그렇게 고백하고 이에 응답하지 않는다면, 그
저 사랑을 듬뿍 받기만 원한다면, 하느님께서 어떠한 대가를
치르시든 상관하지 않고 그분의 사랑을 받기만 원한다면, 우
리는 신경을 고백할 자격이 없습니다. 신경을 암송할 때마다

신경은 우리에게 도전합니다. 이를 피할 방법은 없습니다. 기억하십시오. 신경은 하느님에 관한 설명이 아닙니다. 하느님께서 활동하시는 방식에 대한 해설이 아닙니다.

그렇다면 어떻게 응답해야 할까요? 하느님의 사랑을 똑같이 돌려 드려야 한다고 말하는 것은 어쩌면 우리의 능력 이상을 요구하는 것일지도 모릅니다. 그러나 적어도 우리는 그분의 사랑에 감사로 응답할 수 있습니다. 그렇게 우리는 시작할 수 있습니다. 신경이 가르치는 것은 다름 아닌 "나의 아들, 나의 딸아, 사랑한다. 나의 모든 영원함으로, 나의 성육신으로, 나의 삶으로, 나의 죽음으로, 나의 부활로, 나의 승리로 너희를 사랑한다"라는 사실만은 기억해야 합니다. 그런 하느님을 바라보고 감사하는 것이야말로 우리가 할 수 있는 유일한 길입니다.

그리고 우리의 감사가 깊어진다면, 우리의 감사가 우리를 충분히 움직인다면, 우리의 감사가 순간의 외침과 눈물로 끝나지 않는다면, 그분께서 펼쳐내시는 경이에 잠시 넋을 잃는 것으로 끝나지 않는다면, 그래서 하느님께서 "나는 이들을 헛되이 자유롭게 창조하지 않았노라. 나는 헛되이 인간이 되지 않았노라. 나는 헛되이 나의 성령을 보내 그들을 영글게 하지 않았노라. 그들은 이해하였고, 대답하였노라"라고 하실만한 삶을 시작한다면, 이해받는 기쁨을 하느님께 드리는 삶을 살 수 있다면, 우리는 점차 하느님의 사랑을 받는, 이에 걸맞은 사랑을 그분께 드리는 사람으로 자라날 수 있습니다.

하느님을 사랑한다는 것이 정확히 무엇인지는 말할 수 없습니다. 정확히 무엇인지 저도 모르기 때문입니다. 아무것도 모른다고 할 수는 없겠지만, 구약성경과 신약성경이 입을 모아 말하듯, 하느님을 "생각과 마음과 힘과 목숨을 다하여" 사랑하는 것이 무엇인지 저는 모르겠습니다. 아니, 머리로는 어느 정도 이해한다 해도 감히 안다고는 말하지 못하겠습니다. 우리 중 누가 그럴 수 있겠습니까? 우리 중 누가 감사함으로 산다고 하겠습니까? 우리 중 누가 자신이 생각과 마음으로, 뜻과 행동으로 감사하게 하는 신비로 살고 있다고, 우리를 전인적으로 사로잡으신 하느님을 참으로 섬기는 사람이라고, 하느님을 닮아가게 만드는 감사로 살고 있다고 할 수 있을까요?

하느님께서 우리 가운데 오신 것은 우리가 그분처럼 되기 위함이었습니다. 우리 중 하나로 오신 하느님을 진실로 믿는다면, "내가 모범을 보였으니, 너희는 따르라"라는 식의 도덕적 명령을 따르는 삶이 아니라 모든 면에서, 날마다 더 깊이 그분을 닮아가고, 마침내, 사도 베드로가 이야기하듯 "하느님의 본성을 나누어 받"(2베드 1:4)아야 할 것입니다.

다시 한번, 신경을 어떻게 대해야 하는지를 생각해 보십시오. 신경은 다른 어느 세계관보다 더 만족스러운 세계관을 제시하는 것이 아닙니다. 하느님이 어떤 분인지, 어떻게 생긴 분인지에 관한 지식을 나누는 것이 아닙니다. 신경은 친교와 변화, 치유, 변모를 위해 열린 문입니다. 신경을 읽을 때 우리는 고백해야 합니다. 이는 그 무엇도 견줄 수 없는 아름다움의 계시라고, 비극과 영광이 동시에 교차하는 아름다움의 계시라고, 우리도 이 아름다움으로 부름을 받았다고 말이지요. 우리는 그렇게 신경의 언어들을 받아들이고 고백해야 합니다.

주님의 기도도 마찬가지입니다. 이 자리에서는 우선 한 단어에 주목해 보겠습니다. 바로 '우리 아버지'라는 단어입니다. 우리는 그렇게 하느님을 부릅니다. 이는 우리가 한 몸, 한 공동체에 있다는 뜻입니다. 어떤 사람도 하느님을 '나만의' 아버지라고, 이 사람이나 저 사람의 아버지는 아니라고 말할 수 없습니다. 이는 모든 그리스도인이 받아들이는 사실입니다. 그러나 여기에는 무한히 중요하고 도전적인 문제가 더 있습니다. 무엇입니까? 모두가 알지만, 모두가 주목하지는 않는 사실, 바로 주님이신 예수 그리스도께서 이 기도를 제자들에게 주셨다는 사실입니다. 그분이 '우리' 아버지라고 하셨을 때, 여기에는 예수 그리스도의 아버지께서 여러분의 아버지라는 뜻이 담겨 있습니다. '우리만'의 아버지가 아니라 주님의 아버지이십니다. 여기에는 매우 중요한 함의가 있습니다. 인성으로는 우리 형제이신 주님께서 가르치신 대로 기도하며 "우리 아버지"라고 할 때, 우리는 우리 존재를 뒤흔드는 근본적인 도전과 마주합니다. "우리 아버지"라는 말은 주님의 기도를 오직 그리스도의 방식대로 해야만 한다는 의미를 지니고 있기 때문입니다. 그렇다면 그리스도의 방식이란 무엇입니까?

이는 다음 강연에서 더 살펴보도록 하겠습니다. 지금은 잠시 침묵합시다. 그리고 함께 기도하고 평화롭게 돌아가십시오. 그러나 이제 새로운 깊이를 담은 평화, 신앙의 고백이 우리 삶에 던지는 도전을 받아들이지 않고서는 그 언어를 말하지 않겠다는 새로운 결심과 앎에서 나오는 평정심의 평화, 우리를 위대함으로 이끄는 평화 가운데로 나아가십시오.

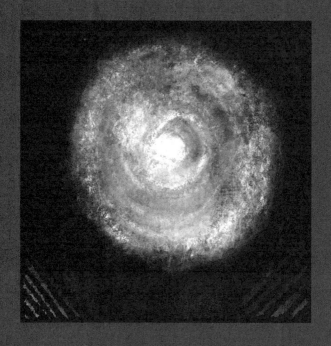

별을 따르려면 먼저 별을 볼 수 있어야 합니다. 하지만 동시에 우리
는 우리의 모습 그대로, 지금 우리가 있는 그 자리에서 별을 따라가
야 합니다. 그렇게 별을 향해 가는 우리의 걸음이, 목표를 향해 나
아가는 움직임이 우리를 변화시키고 또 변모시킬 것입니다.

III

절대자의 시선
– 첫 번째 질의응답

1990년 3월 8일

지난 두 주 동안 서면으로 꽤 많은 질문을 받았습니다. 길고 복잡한 질문도 있었고, 짧고 단순한 질문도 있었습니다. 모든 질문을 다 다루지는 못하겠지만 가능한 한 충분히, 이해할 수 있게(이 점이 중요하지 않을까 합니다) 대답해 보기로 하겠습니다. 오늘 다 다루지 못한다면 다음 시간도 질의응답으로 진행할 예정입니다. 여러분의 반응과 질문이 제 이야기보다 더 중요하다고 생각하기 때문입니다.

우선 다루어 봄직한 질문은 이렇게 재정의해 볼 수 있을 듯합니다. '최대주의인가, 가능성인가.' 우리의 결점을 설명하며 한 이야기에서 저는 우리가 지향해야 할 이상적, 절대적 기준이 있음을 분명히 말씀드렸습니다. 하지만 동시에 우리 중 누구도, 심지어 성인들조차 이 완전함에 이르지 못했다는 사실도 말씀드렸습니다. 우리는 늘 무언가 불완전하며 부족합니다. 복음이 하느님과 피조 세계의 관계에 대해 전반적으로 한 이야기는 우리 한 사람 한 사람, 우리의 내면, 온전해지려 애쓰는 우리에게도 동일하게 적용됩니다. 요한 복음서의 이 이야기도 그렇습니다.

> 빛이 어둠 속에서 비치고 있다. 그러나 어둠은 빛을 깨닫지 못하였다. (요한 1:5)

어둠에 빛이 비칩니다. 어둠은 이를 받아들이지 못합니다. 물론 어둠은 빛을 가릴 수 없습니다. 그럼에도 빛이 되지는 못했습니다. 공동체, 전체 그리스도교 세계와 마찬가지로 우리에게는 빛이 비치고 있고, 어느 정도 퍼져 있습니다. 그러나 아직 빛이 되지 않은 어둠도 있습니다. 여명 시기에 어둠이 있듯 말이지요. 우리 삶에는 이런 긴장이 있습니다.

그러나 이 시점에서 우리는 알렉시스 판 데어 멘스브뤼거 Alexis van der Mensbrugghe* 주교님이 빛의 놀라운 점을 두고 했던

---

* 알렉시스 판 데어 멘스브뤼거(1899~1980)는 벨기에 출신 정교회 성직자이자 전례학자다. 처음에는 로마 가톨릭 교회 신자였으며 베네딕도

말을 기억해 봄직합니다. 우리는 빛 자체를 볼 수 없으며 우리가 보는 것은 다락방에 있는 작은 촛불이 빛나는 모습뿐이지만, 그렇더라도 우리는 그 작은 가능성을, 그 작은 빛으로 인해 피조 세계에 어둠이 조금 덜해진다는 것을 깨달아야 한다고 말이지요. 우리의 감각으로는 이를 깨닫지 못합니다. 그러나 실제로 작은 불꽃에서 나오는 빛의 모든 조각이 우주의 모든 어둠 곳곳에 스미며 그렇게 어둠을 몰아냅니다. 이것이 객관적인 사실입니다. 주교님의 이야기는 공동체, 우리의 내면에도 마찬가지로 적용될 수 있습니다. 그렇습니다. 우리 안에는 너무나 많은 불완전함이 있습니다. 우리의 내면은 여전히 어둡습니다. 동트기 전의 어둠이 가득합니다. 그것이 사실입니다. 그러나 동시에 우리는 빛이 있음을 압니다. 개인의 차원에서도, 공동체의 차원에서도 그렇습니다. 우리가 빛을 경험하지 못했다면 이 사실을 알지도 못할 것입니다. 경험하지 않은 것은 알 수 없기 때문입니다. 우리의 감각도, 우리의 내면도 마찬가지입니다.

회 수사였으나, 이후 정교회로 옮겼고 프랑스 파리에 있는 성 디오니시우스 신학 연구소에서 활동했다. 1960년 주교 서품을 받았으며 전례에 관한 다양한 저술을 남겼다. 주요 저서로 『서구 정교회 전례』La liturgie orthodoxe de rit occidental, 『이원성에서 삼원성으로』From Dyad to triad 등이 있다.

우리가 지향하는 이상, 절대적인 것을 이야기한다면, 유일한 참 인간, 완전한 인간, 주님이신 예수 그리스도를 이야기하게 될 것입니다. 여기서 완전이란 그저 그분의 인성에 대한 것뿐 아니라 그분의 인성이 신성과 함께 하느님과 하나이며, 하느님의 충만함이 그 안에서 육신이 되어 머무르셨다는 뜻입니다. 이는 전적으로 옳은 이야기입니다. 하느님이, 그분의 거룩한 은총, 거룩한 현존이 점차 우리를 채워 나가게 내맡기는 것, 이것이 이상이며 우리가 지향하는 바입니다. 우리는 이 거룩한 스며듦의 진도를, 거룩한 간섭의 수준을 가늠할 수 없습니다. 하느님의 손길은 살짝 스치는 것만으로도 우리를 너무나 다르게 만듭니다. 하느님을 향해서뿐 아니라, 서로를 향해서도 깊이 감사하게 하고, 경외감으로 가득 차게 합니다.

신新신학자 시메온 성인Saint Symeon the New Theologian*은 이

---

* 신新신학자 시메온(949~1022)은 정교회 수도사이자 시인으로 정교회가 시성하여 '신학자'라는 이름을 부여한 세 인물 중 하나다(다른 두 인물은 사도 요한과 나지안주스의 그레고리우스). 귀족 가문에서 태어나 고전 교육을 받았으며 14세 때 수도 서원을 했다. 이후 30세부터 55세까지 성 마마스 수도원장으로 활동했다. 생전에는 교회 당국과 갈등이 있었으나 사후에 그가 남긴 저술들이 지속적인 영향력을 행사했고, 특히 헤지카즘의 형성에 커다란 영향을 미쳤다. 정교회에서는 10월 12일을 축일로 기린다.

런 글을 쓴 적이 있습니다. 당시 노인이었던 성인은 성찬을
마치고 거처로 사용하던, 진흙과 나무로 된 조그만 오두막에
돌아왔습니다. 거기에는 긴 나무 의자 하나만 덩그러니 있
었습니다. 성인은 의자에 앉아 자신의 모습을 살펴보았습니
다. 그러고는 외쳤습니다.

늙어가는 이 팔다리를 보니 경외가 나를 사로잡는구나.
여기에 하느님의 현존이 스며들어 있구나.
하느님께서 함께하시니,
이 초라한 오두막은 하늘보다 크고 넓어라.

성인이 무슨 미망迷妄에 빠졌던 것이 아닙니다. 당신이 변모
하여 거룩한 자가 되었다고 생각한 것이 아닙니다. 그러나
성인은 알았습니다. 경험으로 알았고, 신앙으로 알았습니
다. 하느님의 교회가 아는, 그러나 볼 수 없는 것들, 인지할
수조차 없는 것들을 확증해 주는 신앙으로 알았습니다. 하느
님이 자기 안에 계신다는 사실을 말이지요.
　사도 바울은 우리를 두고, 우리의 몸을 두고 성령이 깃드
는 그릇이라고 말합니다. 그렇습니다. 우리는 땅의 그릇입
니다. 거룩함에 합당하지 못한 그릇인데도 거룩함을 담고 있

는 것입니다. 그럼에도 불구하고 우리는 우리의 몸과 영혼과 정신과 마음과 의지, 나아가 우리의 자아 전체를 경외의 시선으로 바라볼 수 있습니다. 하느님께서 우리와 함께, 우리 안에 계시기 때문입니다. 그리고 여기서 완전한 분, 유일하게 참된 인간이신 그리스도와 우리와 같은 불완전한 피조물 사이에 긴장이 있습니다. 그렇다면 어떻게 우리가 그리스도와 관련이 있다고 말할 수 있을까요? 저는 우리가 그분의 활동에 열려 있을 때 그분과 관련이 있다고 생각합니다. 그분을 갈망할 때, 그분을 향해 나아갈 때, 우리는 그리스도와 관련이 있습니다.

이는 대단히 중요합니다. 자돈스크의 티콘 성인Saint Tikhon of Zadonsk*에 따르면 하느님의 나라에 나아가는 방식은 승리의 연속이 아닙니다. 오히려 대부분 패배의 연속입니다. 실패의 연속입니다. 그러나 실패하여 주저앉아 불행을 한탄하

---

* 자돈스크의 티콘(1724~1783)은 러시아 정교회의 주교이자 영성 작가다. 노브고로드 신학교에서 공부했으며 학업에 두각을 나타내 신학교에서 그리스어, 수사학, 철학을 가르쳤다. 1758년 수도 서원을 하고 1763년에는 주교 서품을 받았다. 이후 평신도와 성직자에 대한 영적 교육에 헌신했으며 많은 이에게 존경받았다. 도스토예프스키가 소설 『카라마조프가의 형제들』에 나오는 조시마 장로를 묘사할 때 영향을 미친 인물로도 알려져 있다. 1861년 러시아 정교회는 그를 시성했고 8월 13일을 축일로 기린다.

지 않고 일어나 다시 발걸음을 내딛는 이가 하느님 나라라는 목적지에 다다를 것이라고 성인은 말합니다.

성인의 이야기와 왕의 잔치에 초대받은 이들을 두고 그리스도께서 하신 비유를 함께 놓고 보면, 우리는 아무런 준비도 없이, 누더기만 걸치고 갈망만을 품은 채 연회장에 나타난 이들의 이야기를 새롭게 조명할 수 있습니다. 여러분도 아시는 대로 어떤 사람은 밭을 샀다며, 어떤 사람은 소 다섯 겨리를 샀다며, 장가를 들었다며 잔치에 오지 않았습니다. 그들은 아쉬울 것이 없었습니다. 세상의 것들로 이미 풍족했습니다. 그러자 왕은 종들을 왕국 구석구석으로, 거리와 골목으로 보내 가난한 사람들과 몸이 불편한 사람들을 데려다 잔치로 초대합니다. 그들은 왕의 부름을 받고는 종들에게 이끌려 머뭇머뭇 걸음을 내딛습니다. 왕 앞에 서기 두려웠을 것입니다. 누더기를 걸친 채, 씻지도 않은 채, 왕에게 보이고 싶지 않은 과거의 모습을 지닌 채. 어떻게 왕을 알현할 수 있을까요. 정의, 법, 의 그 자체인 존재를 어떻게 마주할 수 있을까요. 그리고 일어난 일은 이랬습니다. 성경은 자세히 묘사하고 있지 않습니다만, 아마 하느님의 천사가 궁궐 문 앞에서 그들을 맞이했을 것입니다. 그들은 궁궐 안으로 들어가 연회장에, 왕의 연회장에 들어갈 준비를 합니다. 누더기를 벗고, 몸을 씻고, 머리에 기름을 바릅니다. 예복으로 갈아입고 연회장에 들어갑니다. 그런데 한 사람은 연회장에 들어갈 준비를 전혀 하지 않았습니다. 씻지도 않았고, 옷을 갈아입지도 않았고, 머리에 기름을 바르지도 않았습니다. 그리고서는 이렇게 말합니다. "난 여기 먹으러 왔지, 몸단장이나 하려고 오지 않았소." 그러고는 그대로 연회장으로 향했고, 그대로 쫓겨나고 맙니다. 다른 사람들은 그렇지 않았습니다. 그들은 모두 왕이 얼마나 위대한 존재인지 알았고, 왕 앞에 서기에 자신은 얼마나 비천한 존재인지 알았습니다. 자신이 무어라도 되는 양 행세하지 않았습니다. 그저 진실하게, 있는 그대로 나아갔고, 따뜻하고 너그러운 환대를 받았습니다.

우리 모두에게는 이러한 긴장이 있습니다. 우리는 절대적인 것을 바라보아야 합니다. 그렇지 않으면 그곳을 향해 갈 수 없습니다. 동시에 우리는 현재 우리의 모습에 절망하지 않아야 합니다. 우리가 처한 상황은 우리가 판단할 문제가 아닙니다. 우리의 몫은 단 한 가지, 완전해지기를 갈망하는 것, 하느님께 합당한 존재가 되기를 원하는 것, 사랑에, 자비에 합당한 존재가 되기를 원하는 것입니다. 우리가 잔치에 합당한 존재가 된다면 그것은 우리의 공로가 아닙니다. 우리는 그저 갈망을, 배고픔을, 신뢰를 주님께 드릴 뿐입니다.

저는 어느 강연을 하든, 좌담회에서 이야기를 나누든, 고백을 듣든, 설교를 하든 우리가 마땅히 따라야 할 절대적인 기준을 이야기합니다. 별을 따르려면 먼저 별을 볼 수 있어야 하기 때문입니다. 하지만 동시에 우리는 우리의 모습 그대로, 지금 우리가 있는 그 자리에서 별을 따라가야 합니다. 그렇게 별을 향해 가는 우리의 걸음이, 목표를 향해 나아가는 움직임이 우리를 변화시키고 또 변모시킬 것입니다.

물론 삶의 마지막 순간에도 목표에 도달하지 못한 것처럼 보일 수 있습니다. 이집트의 마카리우스 성인의 이야기를 들려드릴까요. 성인이 별세하자, 한 제자는 성인의 영혼이 하늘로 올라가는 것을 보았습니다. 그런데 악마들이 나타나 하늘로 향하는 그의 앞길에 일종의 검문소들을 설치하고는 성인이 이를 통과할 때마다 성인이 생전에 저지른 잘못들, 소명과 하느님 앞에 충실하지 못했던 순간들을 들추어내 정죄했습니다. 하지만 성인의 영혼은 이 하나하나를 통과하며 하늘로 나아갔지요. 마침내 천국의 문에 이르렀을 때, 악마들은 그를 끌어내릴 최후의 묘책을 생각해 냈습니다. 그들은 손뼉 치며 환호했습니다. "대단하오, 마카리우스! 우리를 이겼구려. 영광이 그대에게 있기를!" 허영심이 그의 발목을 사로잡길 바랐던 것입니다. 그러나 성인은 몸을 돌려 이렇게 말했습니다. "아직 아닐세!" 그러고는 하느님의 나라로 나아 갔습니다.

우리가 인생을 살아가는 동안에는 그 이상에 도달하지 못할 것이라는 사실을 알아야 합니다. 그러나 동시에 우리는 우리가 이상을 향해 움직이고 있음을 알아야 합니다. 성공 여부에 대한 판단은 우리의 몫이 아닙니다. 사로프의 세라핌 성인은 몰락하는 죄인과 구원에 이르는 죄인의 차이란 길을 따르겠다는 결심에 있다고 말한 적이 있습니다. 문제는 성공 이 아니라, 분투하는 데 있습니다.

때로 분투하는 일은 성공보다 더 중요합니다. 키이우 동굴 수도자 안토니와 테오도시이Anthony and Theodosius of the Caves 성인의 제자들과 관련해 이런 일화가 전해집니다. 세례를 담 당하는 어느 수도 사제가 있었습니다. 그런데 세례를 받기로 한 사람 중에 여성도 있었고, 사제는 욕정에 사로잡혀 괴로 워했습니다. 세례명이 요한(세례자 요한을 따라 붙인 것입니다)이 었던 그 사제는 세례자 요한에게 간구했습니다. 정결한 마음 으로 세례에 임할 수 있도록 유혹에서 구해달라고 말이지요. 그러자 세례자 요한은 이렇게 대답했습니다.

하느님은 그대를 유혹에서 구해 주실 수 있으시네. 그러나 싸움 없이 유혹에서 벗어나면 순교의 월계관도 잃어버리네. 그러니 맞서 싸우는 편이 낫네. 괴롭고 고통스럽겠지만 하느님의 이름을 위해, 그리고 그대가 세례를 주는 이들을 위해 유혹에 맞서 싸워 이기게.

사제는 도전에 응했습니다. 평생에 걸쳐 이 유혹과 싸웠습니다. 그리고 마침내 이겼습니다.

제 전임자였던 블라디미르 테오크리토프Vladimir Theokritoff 신부님이 노년의 한 어르신과 나눈 이야기도 생각이 납니다. 그 어르신이 이렇게 말했다고 합니다. "멋지지 않나요? 나이가 드니 아무것도 하지 않아도 유혹이 떨어져 나가니 말입니다." 이에 신부님이 대답하셨습니다. "기쁜 일은 아니지요. 남은 유혹과 서둘러 맞서 싸워야 합니다. 그 유혹을 죽이기 전에 죽으면, 하느님을 위해 살았다고 할 수 없을 테니까요." 이것이 모두가 따라야 할 이상과 우리의 불완전함 사이에 놓인 긴장, 미묘한 균형입니다.

두 번째 질문은 조금 다른 이야기입니다. 이렇게 물어보신 분이 있습니다. "성령이 어떤 의미에서 협조자(보혜사)라는 것이지요?" 이에 대답하기 위해서는 우선 이 단어가 무슨 의미인지 알아야 합니다. 원어를 살펴면 이 단어에는 기본적으로 세 가지 뜻이 있습니다. 하나는 '위안을 주는 이'입니다. 슬픔을 위로하는 존재라고 말할 때와 같은 맥락에서 위안자입니다. 다른 하나는 '힘을 주는 이'입니다. 세 번째는 '기쁨과 성취를 주는 이'입니다. 성령께서는 이 세 가지 방식으로 우리에게 협조자가 되십니다. 위안을 주시는 분으로서, 성령께서는 우리에게 위안을 주실 수 있습니다. 단, 우리가 그분이 위안을 주시기를 바랄 때 그렇게 하십니다. 성령께서는 여러 가지 방식으로 우리를 위로하십니다. 하느님의 성령이 우리 안에서 말로 다 할 수 없을 만큼 깊이 탄식하시며 간구하신다고 한 사도 바울의 말을 우리는 기억합니다. 때로는 분명하게 하느님 당신을 "아빠, 아버지"라고 부르시기도 하지요. 불행이 우리를 덮칠 때, 삶이 힘들 때, 진정한 고통이 우리를 엄습할 때, 성령께서는 우리 안에서 탄식하심으로 기도하십니다. 우리의 한숨과 우리의 눈물은 우리의 것만이 아닙니다. 하느님의 성령이 우리 안에서 하느님께 기도하시며, 우리의 비참을, 우리의 탄원을 다른 차원으로 승화시키십니다.

비유를 들어 설명해 보겠습니다. 12세기 유대인 학자 마이모니데스Maimonides*의 글 중 예루살렘 성전의 기도에 관한 인상적인 대목입니다. 아시는 것처럼 성경은 하느님의 이름을 히브리어 네 글자, 요드, 헤, 바브, 헤로 씁니다. 이를 전통적으로 '야훼' 또는 '여호와'로 읽습니다만 이를 실제로 어떻게 발음해야 하는지는 아무도 모릅니다. 하느님의 백성도 이 이름을 몰랐습니다. 오직 한 사람, 대사제만이 이를 어떻게 발음하는 것인지 알고 있었지요. 하지만 대사제조차 백성 앞에서는 이를 입 밖에 꺼낼 수 없었고, 하느님 앞에 홀로 기도하러 나아갈 때만 그분의 이름을 부를 수 있었습니다. 마이모니데스는 성전에서 거행되던 성대한 예배를 묘사하며 이렇게 말합니다. 사람들이 각자 기도를 드릴 때, 온 삶의 애환을 담아 하느님을 향해 부르짖을 때, 대사제는 난간 앞으로 나가 거룩한 이름을 읊조렸다고, 그러면 이 이름은 사람들의 기도 안에 들어가 혈액과 같이 순환하며 기도에 생명을 부여했다고 말이지요. 그렇게 하느님의 이름 아래 기도는 살아나

---

* 마이모니데스(1135~1204)는 유대교 랍비이자 철학자, 의사이자 천문학자다. 무슬림 통치 아래 코르도바에서 태어나 유대교 교육을 받았고 고대 그리스 철학과 과학, 이슬람 문화 역시 공부했다. 이후 모로코, 이집트 등으로 옮기며 의사로 활동했고, 동시에 다양한 분야에 관한 저술을 썼다. 유대교 역사상 가장 뛰어난 랍비 사상가이자 철학자로 평가받는다.

하느님의 왕좌로 나아갈 수 있었습니다.

이처럼 우리의 고통과 고난, 비극조차 새로운 생명을 얻고 변화할 수 있습니다. 인간을 초월하는 깊이로 성숙할 수 있습니다. 우리 안에서 말로 다 할 수 없을 만큼 깊이 탄식하시는 성령께서 하시는 일이 바로 이것입니다. 여기에 위로의 힘, 평안의 힘이 있습니다. 우리는 거룩한 현존의 옷자락을 만질 수 없습니다. 우리가 부드러워지고 변화할 때만 하느님에게서 나오는 빛을 쬘 수 있습니다. 성경은 인간의 마음이 천 길 물 속과 같이 깊다고 말합니다. 우리의 마음은 어둡고 침침합니다. 너무나 깊고, 고통과 고난으로 심각하게 찢어져 하느님의 현존을 어둠으로 에워싸고 있기 때문입니다.

성령은 다른 방식으로도 괴로워하는 이를 위로하십니다. 어쩌면 적은 사람을, 어쩌면 많은 사람을 위로하시지만 이는 우리가 이야기할 수 있는 문제는 아닙니다. 사도 바울처럼 "나에게는, 사는 것이 그리스도이시니, 죽는 것도 유익합니다"(필립 1:21)라고, 육신 안에 사는 한 그분으로부터 떨어져 있기 때문에 그렇다고 말할 수 있다면 어떨까요. 사도는 평생에 걸쳐 그리스도와 함께 있기를 갈망했습니다. 육신으로 살았던 날에는 증오하며 박해했으나 다마스쿠스로 가는 길에 자신의 하느님으로 만난 그 그리스도와 함께 살기를 갈망했지요. 성인들도 마찬가지였습니다. 그리고 죄인인 우리도 이 엄청난 깊이를 경험하는 순간, 그 빛을 경험하는 순간, 고요함을 경험하는 순간, 짧게나마 우리가 영원의 경계에 있다는 사실을 느끼는 순간, 여기서 한 걸음 더 나아가면 완성에 도달한다는 사실을 느끼는 순간이 있습니다. 그리고 동시에 우리는 여기서 더 나아갈 수 없음을 깨닫습니다. 아직 그때가 오지 않았기 때문입니다. 그리고 우리는 돌아가 부모를 잃어버린 아이처럼 부르짖습니다. "주님, 어디 계십니까? 왜 저에게서 얼굴을 감추십니까? 왜?" 그러고는 깨닫습니다. "그렇군요. 왜 그런지 알겠습니다. 주님께서는 가까이 계시지만, 저는 너무나 멀리 있으니까요." 그때 성령께서 우리를 위로하시며 말씀하십니다. 파스칼Pascal이 들은 성령의 목소리와 같은 것일 터입니다.

네가 하느님을 찾지 못해 그토록 외로워한다면, 너는 이미 그분을 알고 있다는 뜻이다. 그리고 그분을 그토록 갈망한다면, 너는 네가 알지도 못한 채 그분을 사랑하고 섬기며 그분 안에서 너의 완성을, 너의 목적을, 네가 바라던 모든 것을 보는 것이다.

바로 이런 의미에서 성령께서는 위로하시는 협조자이십니다. 이런 의미에서 우리가 너무나 멀리 있어 갈망이, 굶주림이, 깊은 슬픔이 우리에게 닥칠 때면 언제든 성령께서는 (우리가 그분에게만 귀를 기울인다면) 이렇게 말씀하신다는 사실을 우리는 확신할 수 있습니다.

> 절망하지 말거라! 네가 굶주려한다는 사실, 네가 목말라한다는 사실, 네가 그리워한다는 사실이 바로 네가 너를 그토록 사랑하시는 하느님과 함께 있다는 표지다.

이러한 성령의 위로는 우리에게 힘과 평안을 가져다줍니다. 이 성령의 위로에 우리는 이 세상에서 얼마나 외롭든, 상황이 얼마나 절망적이든, 포기하지 않게 됩니다. 두려워하지 않게 됩니다. 시편이 노래하듯, "나 비록 음산한 죽음의 골짜기를 지날지라도 내 곁에 주님 계시오니 무서울 것 없어라"(시편 23:4)라고 고백할 것입니다. 성령께서는 말씀하십니다.

> 용기를 내어라. 두려워하지 말거라. 보이지 않지만, 주님께서 너와 함께하시느니라! 보잘것없는 인간의 힘에 의지하지 말거라. 그것으로는 영원한 것을 얻지 못하노라. 그러나 너

에게는 다른 힘이 있느니라. 하느님이 주시는 힘으로 용기를 내어라!

어떨 때는 하느님이 우리를 싸움터에 내보내시기도 합니다. 우리를 신뢰하시어 우리가 그분의 존재를 의식하지 않고도 싸울 수 있다고 여기시기 때문입니다. 수많은 유혹과 마주했던 대★안토니우스 성인Saint Anthony the Great* 이야기를 들려드리겠습니다. 성인은 종일, 때로는 긴 시간에 걸쳐 싸우고 또 싸웠지요. 그러고는 마침내 모든 싸움에서 승리한 뒤 지쳐 땅바닥에 엎어지고 말았습니다. 그때 그리스도께서 성인 앞에 나타나셨습니다. 일어나거나 무릎을 꿇을 힘조차 없던 성인은 주님을 바라보며 물었습니다. "주님, 당신이 너무나 필

---

* 성 안토니우스 혹은 대★안토니우스(251?~356?)는 '수도사들의 아버지'로 꼽히는 이다. 이집트 중부에서 그리스도인 농부의 아들로 태어나 269년 '가진 것을 팔아 가난한 이들에게 나누어 주라'는 복음서 말씀을 듣고 이를 따른 뒤 금욕 생활에 투신했으며 285년 홀로 사막으로 들어가 철저한 고독 속에서 생활했다. 그의 명성을 듣고 수많은 이가 사막으로 와 그의 주변에 정착했다. 디오클레티아누스와 막시미아누스 황제의 그리스도교 박해 때는 순교할 각오로 알렉산드리아로 가서 사형 선고를 받은 신자들을 도와주기도 했으며 이단에 맞선 아타나시우스 주교를 지원하기도 했다. 아타나시우스가 저술한 『안토니우스의 생애』는 사막 수도사 생활의 이상이 그리스도교 전체에 퍼지는 데 커다란 영향을 미쳤다.

요했습니다. 어디에 계셨습니까?" 그러자 주님께서는 대답하셨습니다. "너는 보지 못했으나, 나는 네 곁에 서 있었노라. 행여 네가 쓰러지면, 내가 나서려고 하였다."

마지막으로, 성령께서는 기쁨을 주시는 분입니다. 지금까지 제가 전한 내용이 사실이라면, 우리가 성령 안에서, 성령을 통해서 얻는 기쁨은 얼마나 깊겠습니까? 그분만이 우리가 외로울 때 위로하시고, 시험을 당할 때 힘을 주시며, 우리와 함께하심으로써 어떤 것도 우리를 하느님의 사랑에서 떼어놓을 수 없다고 확증하십니다. 이런 다양한 방식으로 그분은 위로자요, 보혜사이십니다. 그리고 나아가 우리 안으로부터 하느님께 "이 사람은 고아입니다. 이 사람을 버리지 마십시오. 약하지만 분투하고 있습니다. 이 사람에게 당신의 은총을 내려 주십시오. 힘을 주십시오. 이 사람에게 기쁨을 주십시오. 알든, 알지 못하든, 당신을 아빠, 아버지라고 부르고 있습니다"라고 말씀하시는 우리의 협조자요, 보호자이십니다.

세 번째 질문은 하느님에 대한 사랑에 관한 질문입니다. '우리는 하느님을 사랑한다고 할 수 있을까요? 아니면, 우리가 그분을 사랑하지 않는다는 걸 받아들여야 하나요?' 두 질문에 대한 대답은 모두 '그렇다'입니다. 우리는 그분을 할 수 있는 한 온 마음을 다해 사랑합니다. 그러나 우리의 사랑은 무언가 부족합니다. 약하고, 힘없고, 결핍되어 있습니다. 우리가 약하고 불완전한 존재이기 때문에 그렇습니다. 그러니 둘 다 맞습니다. 그것이 우리의 정직한 고백입니다. "저는 그 누구보다 하느님을 사랑합니다. 그분을 제 마음과 뜻을 다해, 제 모든 것을 바쳐 사랑합니다." 그러면서도 우리는 이렇게 말해야 합니다. "하지만 제 사랑은 불완전합니다. 하느님을 바라보지만, 마치 일식을 볼 때 눈을 다치지 않기 위해 사용하는 어두운 유리 너머에 있는 분처럼 봅니다."

때로 하느님을 본다고 보았는데, 하느님 대신 유리에 비친 자신의 모습을 볼 때도 있습니다. 유리를 볼 뿐, 유리 너머에 있는 것을 보지 못하는 것처럼 말이지요. 그렇다고 좌절해서는 안 됩니다. 이렇게 말해야 합니다. "네! 살아 계신 하느님이 보이지 않습니다. 제 눈에 보이는 것은 한 인간일 뿐입니다. 하느님의 형상인지조차 알 수 없는, 도대체 무엇인지 알 수 없는, 이리저리 훼손되고 칙칙해진 한 사람의 모습뿐입니다." 그러나 그 사람에게 하느님이 깃들어 있습니다. 우리 한 사람 한 사람은 세례를 통해 그리스도와 연합하여, 끝없이 자라나는 복잡하고 복합적인 그리스도의 몸을 이루는 지체가 되었기 때문입니다. 우리 모두에게는 그리스도의 모습이 있습니다. 어둡고, 칙칙해서 때로는 우리 자신도 알아보지 못하지만, 이 모습을 잊어버린 사람에게는 보이지 않지만, 그럼에도 불구하고 우리 한 사람 한 사람 안에는 그리스도의 모습이 존재합니다.

우리가 진실로 하느님을 사랑한다면 그분이 마음을 두시는 데 우리의 마음도 있어야 합니다. 누군가를 사랑하면 그 사람과 함께하고 싶기 마련입니다. 누군가를 사랑하면 그 사람에게 기쁨을 주고 싶어 하고, 관계를 저버리지 않도록 애쓰게 됩니다. 하느님도 그렇게 사랑해야 하지 않을까요? 너무나 많은 것이, 그런 것들에 대한 애착이 우리의 발목을 잡고 끌어내리고 있지 않나요? 죄수처럼 우리를 붙잡고 있지 않나요? 그리스도를 찾아와 그분을 따르려 했던 젊은이를 기억합시다. 그리스도께서는 그에게 말씀하셨습니다.

네가 가진 것을 다 팔아서, 가난한 사람들에게 주어라. …

그리고, 와서, 나를 따라라. (마르 10:21)

그리스도의 말씀은 물질적인 부富뿐만 아니라 이런 것들에 대한 애착을 버리라는 것이었습니다. 사도 바울은 "나는 비천하게 살 줄도 알고, 풍족하게 살 줄도" 안다고 이야기한 바 있습니다(필립 4:12 참조). 부유하든 가난하든, 이로부터 자유로웠던 것이지요. 그러나 이 젊은이는 달랐습니다. 그리스도를 따를 만큼 자유롭지 못했습니다.

이런 의미에서 우리도 자유롭지 못합니다. 우리는 진실로 하느님을 사랑하지만, 이런 의미에서는 우리에게 있는 모든 것을 다해 하느님을 사랑한다고 말할 수 없습니다. 우리가 하느님을 사랑한다는 것은 귀신 들린 아이의 아버지가 그리스도께 말했던 것과 같습니다.

내가 믿습니다. 믿음 없는 나를 도와주십시오. (마르 9:24)

우리는 하느님을 사랑하지만, 사랑할 줄 모릅니다. 그러므로 질문에 대한 답은 모두 '예'입니다. "예, 저는 하느님을 사랑합니다"라는 말도 정직한 말입니다. 마찬가지로 "예, 저는 하느님을 사랑하지 않습니다"라는 말도 진실입니다. 이 또한 온전하고 완전한 이상 대 현실의 문제입니다. 슬픈 현실을 이야기하는 것이 아닙니다. 현실은 슬프지 않습니다. 현실을 만들어 나가고 있다는 전제에서는 말이지요. 현실이 정말 슬퍼지는 순간은 정체될 때입니다. 불완전하지만 계속 나아가고 있다면 괜찮습니다. 멈춘다면, 그렇게 그대로 움직이지 않는다면, 잘못된 것입니다. 하느님에 대한 사랑에 관해서는 여기까지 말씀드리겠습니다.

어떤 분은 은총에 관해 묻기도 하셨습니다. '은총은 거저 주시는 선물인가요? 값없는 은총이란 무슨 의미인가요? 하느님은 어떤 사람에게는 은총을 내리시지만, 어떤 사람에게는 거절하시나요? 우리는 은총의 선물을 받을 자격이 있나요?'

물론 은총은 선물입니다. 우리가 마치 당연히 받아야 할 것처럼 요구할 권리가 없다는 점에서 그렇습니다. 사랑도 마찬가지입니다. 우리는 사랑을 요구할 권리가 없습니다. 이는 겸손한 마음으로 받는 선물, 놀라운 선물입니다. 사람에게도, 하느님께도 강요해서 얻을 수 없다는 점에서 우리에게 과분한 선물입니다. 그러나 우리는 주신 선물을 '받아야' 합니다. 은총은 선행에 비례해 주어지는 것이 아니라 우리가 그 선물을 진정으로 열망하는지, 그것이 얼마나 가치 있는지를 아는지(즉 우리가 그것을 '받을 준비가 되었는지')에 따라 주어집니다. 우리의 갈망은 우리의 마음과 정신을 열어젖힙니다. 갈망이란 주님께서 주시는 선물 앞에 우리의 삶을 활짝 열어젖히는 일입니다. 그렇게 주어지는 이 선물을 우리는 경건하게, 경외심을 가지고 찬미하며 받아들여야 합니다. 은총이라는 선물은 우리가 받아 어딘가 안전하게 진열해 둘 수 있는 것이 아닙니다. 이 선물은 빛과 같습니다. 불과 같습니다. 다른 사람을 비추지 못하도록 감추어 버리면, 숨겨 버리면, 꺼져 버리고 맙니다. 은총은 마음을 열고 간절히 구하는 이에게 선물로 주어집니다. 그러나 우리가 이를 나눌 준비가 되어 있을 때만, 그래서 빛이 다른 사람을 비추고 온기가 다른 사람에게 닿게 할 때만, 은총은 우리에게 선물로 머무릅니다. 하느님께서는 이 선물을 항상 주십니다. 그러나 사람들이 이를 항상 열망하지는 않습니다. 그리고 항상 받지도 않습니다. 때로 이 선물은 우리를 두렵게 합니다. 하느님의 사랑은 우리에게 다다를 때 우리만을 비추지 않기 때문입니다. 주님께서는 말씀하셨습니다.

> 너희가 거저 받았으니 거저 주어라. 주린 자의 영혼을 먹여
> 라. (마태 10:8 참조)

이처럼 은총은 주님께서 거저 주시는 선물입니다. 그리고 이 선물은 하느님이 주실 때 보여 주신 너그러움으로 나누어야 합니다.

주님께서는 당신을 십자가에 못 박은 사람들을 두고, "아버지, 저 사람들을 용서하여 주십시오! 그들은 자기가 하는 일을 모르고 있습니다"라고 말씀하셨습니다. 당신을 살해하던 사람들을 두고 하신 말씀입니다. 동시에, 이는 당신을 두고 불의한 판결을 내리던 자들, 거짓 증언하던 이들을 두고 하신 말씀이기도 합니다.

IV

하느님의 심판
– 두 번째 질의응답

1990년 3월 8일

오늘은 간단히 답할 수 없는 커다란 물음, 하느님의 심판과 구원의 가능성, 영벌과 정죄, 거부의 가능성에 관한 물음을 먼저 다루도록 하겠습니다. 우리가 하느님의 세계에서 추방될 수 있는가, 따라서 인간과 우주를 포함한 모든 피조 세계에서 추방될 수 있는가 하는 질문이지요. 제 강연에서 인용한 여러 성경 구절이 자연스레 이런 물음을 불러일으켰을 법합니다.

성경에는 양과 염소의 비유가 있으며, 우리가 남을 용서하지 않는다면 우리도 용서받지 못할 것이라는 그리스도의 말씀이 있습니다. '우리가 용서하듯이, 우리를 용서하시고'라는 주님의 기도가 있으며, 또 자비를 베풀지 않은 사람은 심판을 받을 때 자비를 얻지 못할 것이라는 말씀도 있습니다. 서신서에도 어두운 전망을 안겨 주는 듯한 여러 구절이 있습니다. 이 구절들을 넘겨 버리지 않으면서 계속 이 주제로 돌아오며 균형을 잡는 것이 중요합니다.

복음서에 이런 구절들만 있다면 우리는 모두 정죄를 피할 길이 없습니다. 누가 사는 동안 매 순간 온 마음과 생명을 다해 자비를 베풀겠습니까? 나에게 잘못한 이를 완전히 용서했다고 누가 확신할 수 있을까요? 의식으로는 누군가를 용서했다고 말할 수 있습니다. 어느 한 시점에 그런 마음이 들 수 있고, 오래 반복해서 그렇게 애쓰기도 합니다. 그러나 과거의 그 일을 떠올리게 하는 어떤 일이 생기면 우리는 또다시 분개하고 그 일을 곱씹으며 마음의 문을 닫습니다. 단 한 번도 용서한 적이 없었던 것처럼 말이지요. 인생의 가장 행복한 순간에 내가 그를 용서했을까 돌아본다면, 나에게 해를 입힌 사람, 해를 입었다고 생각하는 사람을 진정으로 용서했을까 돌아본다면, 이미 오랜 시간이 흘렀건만, 아닙니다. 네, 물론 그들이 잘 되길 바라고, 하느님이 그들을 용서하시길 기도합니다. 그러나 우리 안에는 여전히 흉터, 아물지 않은 상처가 남아 있습니다.

반면 복음서의 다른 구절들에서는, 아니 복음 전체, 하느님의 기쁜 소식은 하느님이 인간이 되신 것은 구원하기 위함이었다고 선포하고 있다는 사실도 알아야 합니다. 하느님은 당신을 찾는 모든 이를 구원하려 인간이 되셨습니다. 심지어 성경은 하느님이 모든 이를 구원하러 오셨다고 분명히 암시하기까지 합니다. 성한 사람에게는 의사가 필요하지 않으나 병자에게는 필요하다고 주님께서 말씀하지 않으셨습니까? 성경은 여기저기서 용서가 거저 주어지는 은총이라고 말합니다. 감사함으로 용서에 응답할 때만 변화할 수 있다고 말합니다.

이처럼 우리는 다양한 구절과 상황 사이에 있습니다. 하느님께서 우리 모두를 구하시려, 차별 없이 구하시려 인간이 되셨다는 사실, 사도 바울이 말하듯, "우리가 하느님의 원수였던 때에도"(로마 5:10) 우리를 구원하러 오신 분이라는 사실은 분명합니다. 그러나 우리가 합당하지 못한 친구라면 어떻게 될까요? 구원이 우리에게서 멀어진다는 것은 가능할까요? 그럴 수 없습니다. 그런데 그럴 때 정의의 문제가 걸립니다. 하느님이 자비로우신 분이라는 이유 하나만으로 정의를 저버릴 수 있을까요? 하느님은 사랑이시니 모든 것을 용서하실까요? 말이 되나요? 오래전 니사의 그레고리우스 성인은 하느님, 승리하는 사랑의 하느님, 용약하는 생명의 하느님이 당신이 창조하시고 사랑하시는 인류를, 피조 세계의 깊이와 그들 영혼의 깊이를, 심지어 당신의 현존과 깊이를 보여 주신 그 인류를 끝내 내치고 정죄하실 수 없다는 결론에 이르렀습니다. 그리하여 그는 보편 구원을 선포했습니다. 그러나 성인의 가르침을 교회는 수용하지 않았습니다. 적어도 성인이 이해한 방식으로는 말이지요. 하지만 이 이상을 완전히 기각하지도 않았습니다. 이 점이 중요합니다. 성인은 '자비의 하느님은 누구도 내치지 않으신다'는 사실을 강조했습니다.

그러나 그것이 전부가 아닙니다. 사랑받는 것이 전부가 아닙니다. 용서받는 것이 전부가 아닙니다. 하느님께서 선물을 주시면 그것으로 끝나지 않습니다. 우리가 그 용서를 받아들여야 합니다. 사랑을, 자비를 받아들여야 합니다. 우리가 용서를 받아들여야만 우리는 용서받을 수 있습니다. 하느님의 사랑을 받아들여야, 사랑으로 변화하고 변모할 수 있습니다. 그레고리우스 성인이 내린 결론이 옳을 수 있습니다. 그러나 이런 이유에서 성인의 표현을 그대로 받아들일 수는 없습니다.

앞서 제기한 질문에서 벗어난 이야기를 한다고 생각하는 분들도 계실 것 같습니다. 그러나 그렇지 않습니다. 이 문제가 저 질문의 핵심에, 정곡에 있습니다. 분명 심판이 있습니다. 심판이란 선과 악을, 빛과 어둠을 구분하고 분리하는 것 즉, 고비입니다. 우리는 어스름한 시간을 살아가지만, 빛과 어둠이 극명하게 구분되는 순간이 찾아옵니다. 이 지점에서부터 문제가 생깁니다. 그렇다면 여기에서 무슨 일이 일어날 수 있을까요?

언젠가 레프 질레Lev Gillet 신부님과 구원이라는 주제를 두고 이야기를 나눈 적이 있습니다. 저는 확신에 차 궁극적으로는 어떤 사람도 멸망하지 않을 것이라고 열변했습니다. 그분도 저와 같이 생각하신다고 했습니다. 그러나 그렇다고 우리가 확신하며 교리처럼 말할 권리는 없다고도 말씀하셨습니다. 어쨌든 성경이 명확하게 언급하지 않는 것을 어떻다고 단정할 수 없기 때문입니다. 그럼에도 우리는 대담하게 희망을 선언할 수 있습니다. 기뻐하며, 그러나 겸손하게, 우리가 아는 하느님, 우리가 조금이라도 아는 하느님은 결코 피조물의 멸망을 바라는 분이 아니라고 선포할 수 있습니다. 이사야 예언자는 이를 분명히 말했습니다.

그렇다면 심판이나 정죄와 이러한 자비가 어떻게 양립할 수 있습니까? 이에 대해 생각해 봄직한 한 가지 상을 말씀드리겠습니다. 특별히 신학적이거나 심오한 논증은 아니지만,

꽤 적절한 그림이 아닐까 합니다. 우리가 죽고 나서 하느님을 마주하는 날, 무엇과도 견줄 수 없는 그분의 아름다움과 거룩함을 보는 그때, 생명을 주시는 사랑이신 그분을 보는 순간 우리는 큰 두려움으로 전율하며 깨닫게 될 것입니다. 이 모든 것이 처음부터 우리에게 주어졌으나 우리는 이를 지나쳤다는 것을 말이지요. 하느님께서 그런 우리를 바라보시며 "네가 살아가며 얼마나 많은 기회를 놓쳤는지 깨달았느냐? 이제 너무 늦었다. 나에게서 떠나가라"고 말씀하시겠습니까? 정의가 아무리 대단한들, 어머니가, 아버지가 자녀 앞에서, 친구가 친구 앞에서 안색을 바꾸어 두려울 정도로 차가운 눈빛으로 "내 눈에 띄지 마라. 여기서 당장 나가라"고 하겠습니까? 오히려 마음 아파하면서, 사랑하는 마음으로 말하지 않겠습니까? "이리 와 울어라. 나의 품에 안겨 울어라. 내가 너를 위로하겠다. 망가진 너의 삶, 바꿀 수 없는, 회복할 수 없는 너의 과거, 무서움에 떨던 기억만이 남은 너의 과거 … 이리 와 울어라. 나는 너를 버리지 않는다."

　요한 계시록은 그리스도를 "신실하신 분"(계시 19:11)이라고 부릅니다. 궁극적으로 그분은 모든 피조물에게 끝까지 신실하신 분이십니다. 성육신은 신실함에서 나오는 활동입니다. 주님은 우리를 창조하시고, 선과 악 사이에서 선택할 자유를 주십니다. 그리고 이 자유를 주신 것에 대한 모든 책임을 짊어지십니다. 인간이 되시고, 이 세상의 무게를 짊어지십니다. 그러셨기 때문에, 그리고 모든 이를 위한 희생 제물이 되셨기에 그분은 용서할 힘도 가지고 계십니다. 사람의 아들이시기 때문에, 이 세상의 모든 악의 희생 제물이시기에 있는 힘입니다. 주님께서는 당신을 십자가에 못 박은 사람들을 두고, "아버지, 저 사람들을 용서하여 주십시오! 그들은 자기가 하는 일을 모르고 있습니다"라고 말씀하셨습니다. 당신을 살해하던 사람들을 두고 하신 말씀입니다. 동시에, 이는 당신을 두고 불의한 판결을 하던 자들, 거짓 증언하던 이들을 두고 하신 말씀이기도 합니다. 종려나무 가지를 들고 주님을 맞으러 나와서는 며칠 후에 "십자가에 못 박으시오! 십자가에 못 박으시오! 저자는 우리의 기대를 저버렸소. 우리는 승리하는 왕을 원했지, 희생하는 하느님을 원하지 않았소!"라고 한 이들을 두고 주님은 "아버지, 저 사람들을 용서하여 주십시오! 그들은 자기가 하는 일을 모르고 있습니다"라고 말씀하셨습니다.

이를 넘어, 그분께서는 세상의 모든 죄를 짊어지셨습니다. 그렇다면 주님의 말씀은 당신의 말씀을 받아들이고자 준비된 모든 이를 위한 말씀이 되는 것 아닙니까? 그렇습니다.

우리가 받아들여야 합니다. 구원자이자 용서를 베푸시는 분을 거부한다면 우리는 구원받을 수도 용서받을 수도 없습니다. 그리스도를 믿는다는 것, 그리스도인이 된다는 것과 그저 수많은 피조물 중 하나로 살아가는 것을 구분하려는 것이 아닙니다. 모든 이를 위한 용서를 우리가 받아들여야 한다는 이야기를 하는 것입니다. 그러나 그렇다면 심판은 어떻게 되는 걸까요? 우리를 기다리는 첫 번째 심판은 무엇입니까? 바로 우리의 자화상입니다. 양과 염소의 이야기에서 하느님은 우리에게 이렇게 말씀하고 계신 것이 분명합니다. "너는 인간으로 살았느냐? 자비와 연민, 사랑이라는 단순한 기준에 비추어서도 인간으로 살지 못했다면, 어떻게 인간성을 넘어 나의 성품에 참여하겠느냐?"

하느님의 심판은 믿음의 내용에 대한 지식에 있지 않습니다. 교리에 있지 않습니다. 하느님께서는 물으십니다. "가난한 자를 먹였느냐? 병든 자를 돌보았느냐? 갇힌 벗을 부끄러워하거나 모른 척하지 않고 찾아가 곁에 있어 주었느냐?" 성육신, 우리의 인간성을 향한 하느님의 침투는 이것이 인간성이라는 전제 아래 가능합니다. 인간 이하의 존재에 머물러 있어서는 안 되는 것입니다. 그러므로 첫 번째 물음은 이런 것입니다. 단순합니다. 모든 인류에게 적용되는 보편적인 물음입니다. "당신은 자비로웠습니까? 연민할 줄 알았습니까? 인간으로 살았습니까? 그랬다면, 당신은 하느님을 맞아들일 수 있습니다."

이런 취지의 이야기는 성경에도 등장합니다. 사도 바울은 우리가 무엇으로 집을 지었는지에 따라 집의 운명이 결정될 것이라고 말합니다(1고린 3:10~15 참조). 짚이나 나무로 지은 집은 불의 심판을 견디지 못하고 소멸할 것입니다. 그러나 은이나 금으로 지은 집은 이를 견뎌낼 것입니다. 하느님은 삼키는 불이십니다. 우리가 인간이 아니라면, 짚이나 나무로 인간성의 외관만 그럴듯하게 만들었다면, 불을 견뎌낼 수 없습니다. 불타 없어지는 것으로 만들었기 때문에 그렇습니다. 그러나 그렇지 않다면, 불을 견뎌낼 것입니다. 구약성경에도 건드리나 태우지 않는 불에 관한 이야기가 나옵니다. 모세가 광야에서 마주한 불타는 떨기나무 이야기입니다. 거룩한 불꽃이 떨기나무에서 일었으나, 떨기나무는 불타지 않았습니다. 불꽃이 일었으나 하느님의 현존으로 가득 차 소멸되지 않았습니다. 하느님께서는 바로 이런 존재로 우리를 부르십니다. 우리는 그렇게 되어야 합니다.

이제 심판에 관해 생각해 봅시다. 마찬가지로 사도 바울의 표현에 비추어 보지요. 그러면 우리는 인간의 법정과는 사뭇 다른 방식의 심판과 마주합니다. 하느님과 '나 자신'의 대면이든, 온 인류에 대한 하느님 최후의 심판이든, 인간의 법정을 마음속에 그리는 것으로는 이해하기 어렵습니다. 인간의 법정에서는 입법자가 만든 법률이 있습니다. 입법자는 법률을 만들지만 적용하지 않습니다. 그리고 판사가 있습니다. 판사는 법률을 적용하지만, 법률을 만들지는 않습니다. 그리고 그는 법률에 복종합니다. 그렇게 함으로써 법률을 살아 있는 현실로 만들어 냅니다. 그리고 배심원과 피고인, 변호인 측 증인과 검사 측 입회인이 있습니다. 기소자와 변호인이 있습니다. 각 요소가 어떻게 움직이는지 우리는 알고 있습니다. 좋은 방식으로든, 나쁜 방식으로든, 작동하는 원리가 있습니다.

그러나 하느님의 심판은 다릅니다. 여기서 심판하시는 분은 곧 입법하시는 분입니다. 우리에게 계시하신 완전한 인간성, 하느님의 모습이 바로 우리를 정죄합니다. 그러나 동시에 우리를 변호합니다. 우리를 구원합니다. 증인은 누구입니까? 수많은 영성가는 하느님의 심판대에 선 어떤 사람도 형제나 자매를 향해 감히 언성을 높일 용기는 없을 것이라고 입을 모읍니다. 그 순간 자신이 얼마나 하느님께 합당하지 않은지를 깨닫게 될 것이기 때문입니다. 양심이 자신을 정죄할 것이기 때문입니다. 간음하다 잡힌 여인을 돌로 치려던 의로운 유대인들에게 그리스도께서 하신 말씀을 기억하십시오.

누구든지 죄 없는 사람이 먼저 돌로 쳐라. (요한 8:7)

이것이 하느님의 법정에서 일어날 일입니다. 과연 누가 돌을 던질 수 있겠습니까?

그리고 여기에 무언가가 더 있습니다. 이미 여러 번 이야기해 반복하기 민망하지만, 우리의 생명은 이 세상을 떠나는 순간에 끝나지 않습니다. 물론 육신의 활동은 그치고, 영혼은 육신을 떠나갑니다. 그러나 우리가 살아가며 세상에 남긴 흔적은 지워지지 않습니다. 우리가 만난 모든 사람, 우리가 던진 모든 말, 우리가 보인 모든 태도와 행동, 우리에게서 나온 모든 것이 이 세상에 자취를 남깁니다. 누군가 죽었다는 이유로 그가 했던 선하고 좋은 일에 대한 책임이, 또는 악하고 나쁜 일에 대한 책임이 더는 없다고 이야기할 수 없습니다.

19세기 프랑스의 고비노Arthur de Gobineau를 예로 들어보겠습니다. 지금은 아무도 기억하지 않는 인물인데, 그는 인종 불평등에 관해 짧은 논고를 남긴 적이 있습니다. 이 논고를 지금은 아무도 읽지 않습니다만 히틀러는 여기에서 영감을 얻었습니다. 고비노의 책임이 없다고 할 수 있을까요? 고비노는 하나의 지적 활동으로 글을 썼을 뿐입니다. 그런데 다른 이가 고비노의 사상 전체를 받아들이고는 이를 현실에서 실제로 관철했습니다. 고비노의 생각에서 기원하여 그가 남긴 글을 통해 다른 이들에게 퍼져 나간 모든 것에 대한 책임이 고비노 본인에게는 없다고 할 수 있을까요? 이것은 인종 간의, 국가 간의, 개인 간의 불평등 문제가 해결되지 않는 한 세상 끝 날까지 계속될 것입니다. 세상을 떠났다고 해서 이 모든 책임에서 자유로워졌다고 할 수 있을까요? 결코 그렇지 않습니다. 반대도 마찬가지입니다. 위대한 영적 영웅인 성인들은 물론 철학과 예술, 문학에서 인류에게 커다란 영감을 남긴 사람들이 있습니다. 그들은 세월을 가로질러 인류를 성장하게 했습니다. 부침이 있었고, 비극이 없지 않았습니다. 그러나 그들은 오늘날에 이르기까지 꺼지지 않는 진리의 등대가 되어 서 있습니다. 마찬가지로 그들의 삶은 끝나지 않은 것입니다.

그렇기에 계시록은 말합니다. 그날이 오면, 시간의 종말이 오면, 더는 시간이 존재하지 않는 순간이 오면, 만국 만민은 자신의 영예를 가지고 하느님의 왕좌로 나아가게 될 것이라고 말입니다. 여기에 한 가지 덧붙일 수 있습니다. 우리는 모두 자신의 영예와 함께, 자신의 수치를 가지고 나아갈 것입니다. 이것은 개인에 대한 심판, 우리가 이 세상을 떠나 처음으로 하느님 앞에 서는 순간 하느님과 각자가 행할 평가가 아닙니다. 마지막 심판이란 개인에 대한 공개 심판이 아닙니다. 오히려 모든 인류가, 모든 피조물이 얼마나 긴밀하게 연결되어 있었는지 마침내 드러나는 순간입니다. 그렇지 않다면, 우리 각자가 독립된 개인일 뿐, 흐르는 강물에 스며드는 물방울 같은 것이 아니라면, 그리스도의 족보는 완전히 무의미한 것이 되고 맙니다. 우리는 서로 연결되어 있으며, 그렇게 우리는 모두 하느님 앞에 한 인류로 설 것입니다.

그렇다면 구원의 희망이란 무엇입니까? 혹은 정죄의 위험이란 무엇입니까? 콘스탄틴 모출스키Konstantin Mochulsky*를 비롯한 이 세기의 정교회 신학자들은 성경이 이야기하는 '영원'

---

* 콘스탄틴 모출스키(1892~1940)은 러시아의 신학자이자 문학평론가다. 상트페테르부르크 대학교에서 공부하고 노보로시크 대학교, 소피아 대학교에서 프랑스 희극, 셰익스피어, 페트라르카와 단테의 작품을 가르쳤다. 이후에는 파리 세르기우스 정교회 신학연구소에서 교수로 활동했다. 도스토예프스키에 관한 전기로 널리 알려졌으며 그 외에도 고골리, 솔로비요프 등에 관한 글을 썼다.

이라는 말에 어떤 의미가 깃들어 있는지에 대해 꽤 많은 이야기를 남겼습니다. 영원에는 두 가지의 의미가 있습니다. 하나는 하느님의 영원함입니다. 하느님이 영원하신 분이라는 말은 하느님이 시작도 끝도 없으신 분, 시간을 초월해 계신 분이라는 뜻입니다. 한편 "영원한" 것들이 있습니다. 영원한 고통을 예로 들 수 있습니다. 여기서 영원함이란 시간의 길이를 나타냅니다. 다시 말해 '시간이 이어지는 한 계속하여'라는 정도로 이해할 수 있겠습니다. 그러나 종말이 오면 시간도 종말을 고합니다. 여기서 종말은 시간상의 지점이 아닙니다. 어떤 것이 아닙니다. 어떤 분입니다. 종말이란 하느님이 만유의 주님으로서 만유 안에 계시는 (달리 설명할 방법이 없으므로 자가당착으로 들리지만) 순간입니다. 이때 우리가 지상에서 알던 의미의 시간은 존재하지 않습니다. 하느님 안으로 자라나고, 존재하는 모든 것이 충만에 이르지만, 우리가 알던 선형의 시간은 더는 존재하지 않습니다. 그렇다면 몇몇 신학자들이 환기했듯, 성경이 말하는 영원한 고통, 영원한 형벌은 어디까지나 시간이 지속하는 한, 모든 역사가 완성되는 궁극의 위대함에 '이르는 동안'에 있을 고통과 고뇌에 관한 이야기입니다. 이 고통과 고뇌란 피할 수 없는 진노의 형벌이 아닙니다. 당신의 삶과 죽음으로 우리를 사랑하신 분,

우리를 위해 당신의 생명을 내어주신 분의 기대를 저버리고 그분을 외면하며 제각기 갈 길로 나아갔다는 사실을 깨달을 때 경험하는 통렬함과 비통함입니다.

이처럼 시간의 영원함이 있습니다. 그러나 그 영원함은 다른 영원함에 삼켜질 것입니다. 이레네우스Iraenaus 성인이 한 말을 빌리자면, 그날이 오면 온 인류는 성령의 힘으로 그리스도와 하나가 될 것입니다. 그리하여 우리는 세례와 신앙을 통해, 하느님을 향한 우리의 신실함을 통해 하느님의 양자로 입양될 것이니, 하느님의 외아들 안에서 우리가 서로 연결될 때 우리 모두 하느님의 외아들이 될 것입니다. 양자라는 이름은 사라지고, 아들이라는 이름만 남을 것입니다. 그리고 그때, 사도 바울의 표현을 따르자면, 하느님은 "모든 것들 가운데서 모든 것"(1고린 15:28)이 될 것입니다. 이것이 우리의 희망입니다. 우리의 정당한 희망이자 기쁨입니다. 종말에 세상의 구원이 희생양의 손에, 모든 악에 가장 비참하게 희생당하신 주 예수 그리스도에게 달려 있다는 것은 실로 놀랍고 기이한 일입니다. 역사 속에서 희생당한 모든 이는 자신의 죄를 대면하며 더는 다른 이를 심판하거나 정죄하는 대신 하느님께로 돌아서, "내가 용서한 것처럼, 용서하라"라는 참된 하느님 말씀의 힘으로 악을 '되돌릴' 수 있을 것입니다.

이것이 우리의 책임을 감면하지는 않습니다. 게다가 문제를 쉽게 만드는 것도 전혀 아닙니다. 사랑에 응답하는 것은 율법에 응답하는 것보다 한없이 더 어렵습니다. 율법에 복종하기는 어려울 수 있으나 가능합니다. 그러나 사랑해야 할 만큼 사랑하기는 너무나 어렵습니다.

언젠가 요한 크리소스토무스Chrysostom 성인은 진실로 비참한 일이란 사랑했던 사람이 죽었을 때, 그를 눈앞에 두고는 "이 사람을 더 온전히 사랑하지 못했구나!"라고 탄식하는 것, 못다 준 사랑을 슬퍼하는 것이라고 말한 적이 있습니다. 그러나 여기서 우리가 기억해야 할 것은 생명이 죽음으로 끝나지 않는다는 사실입니다. 생명은 계속됩니다. 하느님 앞에서 모든 사람은 살아 있습니다. 서로에 대한 사랑과 서로를 용서하는 힘은 무덤을 넘어, 시간을 넘어 나아갑니다. 이를 두고 레프 신부님은 소망의 확신이라고 불렀습니다. 신앙이 보이지 않는 것들의 확증이라고 한다면, 나아가 우리의 신앙이 성경에 뿌리내리고 있다면, 즉 하느님의 말씀뿐 아니라 성경이 증언하는 살아 계신 하느님의 모습에, 그분의 모든 영광 받으심과 낮아지심과 경이로우심에 뿌리내리고 있다면, 우리는 우리를 이 세상에 존재하게 하신, 우리에게 생명을 주신, 우리에게 당신을 보여 주신 하느님 앞에, 그분이 먼저 주신 사랑에, 우리를 향한 그분의 신뢰에, 우리에게 그토록 많은 소망을 품으신 그분 앞에 감사함으로, 그에 걸맞은 삶의 길을 진지하게 걸어 나가려 하는 것이야말로 신앙의 확신이라 할 수 있을 것입니다. 어떤 사람도 다른 사람들과 떨어져 구원받을 수 없다는 사실을, 우리는 서로에게 전적인 책임을 지고 있음을 기억하십시오. 사도 바울은 말했습니다.

> 여러분은 서로 남의 짐을 져 주십시오. 그렇게 하면 여러분이 그리스도의 법을 성취할 것입니다. (갈라 6:2)

사도는 우리가 단순한 공동체가 아닌 인류라는 사실을, 하나의 살아 있는 몸이라는 사실을 일깨우려고 저 이야기를 했을 겁니다. 이 살아 있는 몸이 그리스도의 몸으로 자라야 한다는 사실은 자명합니다. 그러나 그 길은 얼마나 험난한지요. 이웃의 구원을 바라기란 얼마나 어려운 일인지요. 그럼에도 하느님께서 우리를 향해 품고 계신 희망은 얼마나 큰지요.

이제 잠시 침묵하며 기도합시다. 그리고 평화롭게 돌아가십시오. 하느님의 심판대 앞에, 우리의 심판대 앞에 섭시다.

우리는 오직 함께 정죄받으며, 함께 구원받는다는 사실을 기억합시다. 서로를 용서합시다. 용서를 받아들입시다. 그리하여 심판을 넘어 하느님과의 친교를 향해 자라납시다.

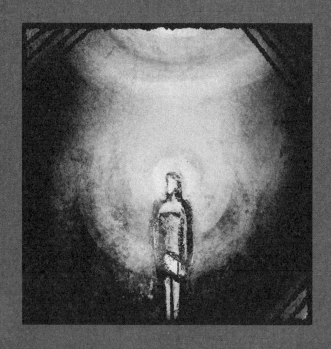

사도 바울은 세례를 받은 모든 사람은 모든 정념을 내버린 사람이라고, 자신의 몸에 그리스도의 죽으심을 간직한 사람이라고 말합니다. 세례를 통해 우리는 죽고 다시 일어나기 때문입니다. 우리는 그리스도가 아닌 모든 것에 대하여 죽고, 그리스도를 옷 입듯이 입은 채 일어납니다.

V
그리스도의 방식을 따라 살기

1990년 4월 5일

앞서 하던 이야기로 돌아갑시다. 신경은 어떤 방법, 사실을 단순히 나열하고 있지 않습니다. 신경이 그저 하느님의 창조 활동, 성육신, 우리의 구원, 성령의 선물, 세례의 의미 등 하느님에 관한 사실을 늘어놓은 것이 아님에 주의를 기울여야 합니다. 신경은 사실에 대한 단순한 진술을 뛰어넘습니다. 물론 그렇다고 신경의 고백이 사실이 아니라는 이야기는 아닙니다. 저는 신경에 담긴 이야기가 참이라고 굳게 믿습니다. 역사적 사실이라고 믿습니다. 그러나 신경은 여기서 더 나아갑니다. 우리는 신경을 고백함으로 우리가 무엇을 믿는지 선언하며, 우리가 고백하는 믿음의 의미에 부합하는 삶을 살겠다고 다짐합니다. 신경을 노래로, 때로는 곡조 없는 낭송으로 바칠 때, 보제나 사제는 말합니다.

> 서로 사랑합시다. 그리하여 한마음으로 성부, 성자, 성령, 거룩하며 나뉠 수 없는 삼위일체 하느님을 고백합시다.

부족하나마 힘닿는 대로 우리가 서로를 사랑할 때, 또 하느님을 사랑할 때, 그럴 때 우리는 사랑이신 하느님을 고백할 수 있습니다. 그래야 다채로운, 헤아릴 수 없는, 영광스러운, 비극적인, 구원하는 사랑이신 그분, 신경이 고백하는 그 하느님에 대해 입을 열 수 있습니다. 그러한 면에서 우리가 신경을 고백할 때, 우리의 양심이 우리를 심판한다고 할 수 있습니다.

전례를 거행할 때도 마찬가지입니다. 전례의 시작과 끝은 성부 하느님입니다. 전례의 모든 과정은 그리스도 안에서 우리가 성부 하느님께 드리는 것입니다. 다시 말해 우리는 그리스도의 언어로만 하느님을 향해 입을 열 수 있습니다. 우리가 전례에서 말하는 것은 우리의 처지에 관한 이야기가 아닙니다. 성부 하느님에 대한 그리스도의 고백을 우리의 것으로 드리는 것입니다.

이는 이렇게도 표현할 수 있습니다. 모든 성사, 전례의 궁극적인, 유일한 집전자는 그리스도이십니다. 그리스도께서는 성부 하느님 앞에서 우리의 중보자로, 구원자로 나아가시어 말씀하십니다. 그리고 그 말씀에 우리가 참여합니다. 다시 말씀 드리지만, 이는 우리 자신에게 굉장히 엄격한 심판입니다. 과연 우리는 어느 정도까지 그리스도를 따라 말할 수 있을까요? 우리에게 그럴 의향이 있을까요? 개인으로, 또 회중으로, 공동체로 하느님 앞에 나아가 주님이신 예수 그리스도의 이름으로 어느 정도까지 고백할 수 있을까요? "이름으로"라는 말은 우리가 마치 제삼자에게 누군가의 편지를 읽어 주듯, 그 말에 깊이 참여하지 않으면서 그저 입으로 그리스도의 말씀을 따라 한다는 의미가 아닙니다. 그리스도의 이름으로 기도하기 위해서는 우리에게 그리스도와 연합하려는 마음이, 그래서 그리스도의 이름으로 드리는 기도가 또한 나의 이름으로 드리는 기도가 되게 하려는 마음이 있어야 합니다. 아니, 더 정확히는 추상적인 마음뿐 아니라 우리가 하는 모든 말이 그리스도의 마음에 일치하도록, 사도 바울이 "그리스도의 마음"(1고린 2:16)이라고 말한 그 마음을 우리가 품을 수 있도록, 그리하여 그리스도와 같이 생각하고, 그리스도와 같이 느끼고, 그리스도의 뜻을 우리의 뜻으로 삼을 수 있도록 구체적인 노력을 기울여야 합니다.

언젠가 세르게이 불가코프Sergei Bulgakov* 신부님은 말했습니다.

> 우리의 소명은 성육신한 그리스도께서 함께하심으로써 펼쳐진 시간과 공간을 이 땅에서 살고, 넓히는 것이다.

우리는 정말 그렇게 살고 있습니까? 아니, 더 중요한 질문은, 그렇게 살기를 원하고 있습니까? 우리가 세례를 받음으로써, 견진을 받음으로써, 성찬에 참여함으로써 이런 일이 우리에게 일어난다고 믿습니까? 아무런 생각 없이 이런 일들에 참여하고 있지는 않습니까? 물론 우리가 그리스도와 완

---

* 세르게이 불가코프(1871~1944)는 러시아 출신 정교회 사제이자 신학자, 철학자, 경제학자다. 러시아 리브니에서 오래된 정교회 사제 가문에서 태어나 1894년 모스크바 대학교에서 법학을 공부하고 정치경제학에 대해서도 깊은 관심을 가졌다. 마르크스주의에 전도되어 한동안 마르크스주의 지식인으로 활동했으나 톨스토이, 도스토예프스키 등의 영향으로 다시 그리스도교 신앙을 갖게 되었고 1918년 사제 서품을 받았다. 1922년 소비에트 정부에 의해 추방되어 프라하를 거쳐 1925년 프랑스에 정착해 성 세르기우스 신학교에서 교의학을 가르쳤다. 지혜에 대한 사변을 중심으로 한 그의 신학 사상은 당대 정교회 안에서 커다란 논란을 낳았으나 이후 신학, 경제학, 철학을 아우르는 그의 저작들이 영미권에 소개되면서 현대 정교회 신학자 중 가장 중요한 신학자로 재평가되고 있다.

전히 같아질 수는 없습니다. 불가능합니다. 그러나 그리스도의 방식으로 생각하고, 느끼고, 바라고, 살아가는 것을 목표로 할 수는 있습니다.

신경 이외에도, 전례 안에 있는 흐름 외에도 두 번째 시간을 마무리하며 말씀드린 것이 있습니다. 주님의 기도가 우리를 심판합니다. 주님의 기도를 두고서는 여러 자리에서 자세히 언급한 바 있으므로, 이 자리에서 주님의 기도 전체를 다시 이야기하지는 않겠습니다. 그러나 쉬지 않고 계속하여 제 마음을 스치는 무언가가 있습니다. 그것에 관해 말씀드리려고 합니다. 사도들이 주님께 기도하는 법을 가르쳐 달라고 청하자 주님께서는 말씀하셨습니다.

그러므로 이렇게 기도하여라. (하늘에 계신) 우리 아버지 ...

제가 제한적으로나마 읽어 보았던 모든 연구는 '우리'라는 표현이 제자들에게 한 몸임을 느끼게 하려는 의도라고 설명합니다. 그들은 한 몸의 지체이자 일부입니다. 자신이 다른 이와 형제임을 깨닫지 못하는 사람은 하느님을 향해 나아갈 수 없습니다.

그러나 "우리 아버지"라는 말에는 우리가 잘 알고 있으면서도 잘 느끼지 못하는 어떤 것이 있습니다. "우리 아버지"라고 하심으로써 주님께서는 제자들을 당신의 아버지와 연결하셨습니다. 우리라는 말은 따라서 "하느님은 나의 아버지이며 너희들의 아버지다. 너희는 나의 형제다. 우리에겐 하나의 아버지가 계신다. 너와 나는..." 이라는 말입니다. 실로 당신이 누구인지를, 그리고 당신이 우리를 부르고 계심을 보여 주는 말씀이 아닌지요? 그분께서 부활하신 뒤 당신의 제자들을 이와 같이 부르셨다면, 이는 우리가 교회에서 다른 그리스도교인들을 형제, 혹은 자매라고 부른 것과는 전혀 다른 깊이를 지니고 있다고 할 수 있습니다. 주님께서 하신 말씀은 훨씬 더 결정적입니다. 서로를 형제자매라고 부를 정도로 깊은 정서적 유대나 우정을 의미하는 것이 아닙니다. 주님의 말씀은 당신의 아버지이신 분이 또한 그들의 아버지라는 사실을 선언하신 것입니다. 물론 방식과 정도는 다르지만 말입니다. 사도 바울은 우리가 양자라고 이야기했습니다. 그렇습니다. 우리는 하느님의 유일하신 아드님과는 다른 방식으로 태어났습니다. 그러나 우리는 그리스도를 믿음으로써, 그리스도와 연합함으로써, 세례를 통해 그리스도의 것이 아닌 모든 것에서 죽음으로써 하느님을 아버지로 모시는 자녀가 됩니다. 그리스도의 것이 아닌 것이란, 그리스도의 성육신과 십자가에 달려 죽으심의 원인이 되었고 오늘날도 그리스도를 십자가에 못 박고 있는 모든 것을 의미합니다. 세상이 구원받지 않는 한, 이 비극은 그리스도의 신비에서, 하느님의 신비에서 떠나지 않았습니다. 그리스도는 여전히 십자가의 상처를 품고 계십니다. 구원이 필요한 죄인이 단 한 사람이라도 있는 한, 그분의 상처는 낫지 않습니다.

하지만 그리스도의 형제자매라는 우리의 정체성, 입양을 통한 하느님의 자녀라는 우리의 정체성은 시작에 불과합니다. 이레네우스 성인은 언젠가 말했습니다. 모든 것이 이루어진다면, 즉 하느님이 우리를 위하여 쟁취하신 구원을 우리가 온 마음을 다해 받아들이고, 그리하여 우리의 현실이 된다면, 우리는 변화시키고 연합을 이루는 성령의 힘으로 하느님의 유일하신 아드님과 연합하게 될 것이라고, 그리하여 우리는 개별적으로, 또한 우리의 하나됨 안에서 하느님의 독생자 그 자체가 될 것이라고 말이지요. 그때가 되면 우리는 더는 그분의 입양된 자녀라고 불리지 않을 것입니다. 말로 표현할 수 없는 놀라운 일이 일어날 것입니다.

그러나 현재 우리는 여전히 입양된 상태에 있습니다. 이 입양의 상태를 넘어서야 합니다. 그저 믿는 것으로는 불충분합니다. 행동으로 이어지는 신앙이 필요합니다. 행동 없는 믿음은 죽은 믿음입니다. 우리는 믿음으로 하느님을 알고, 믿음으로 하느님 안에서 살아갑니다. 그러나 이 믿음은 또한 삶을 이끄는 힘이 되어야 합니다. 우리가 믿는 분을 따라 살고, 우리가 믿는 분을 따라 행동하게 해야 합니다.

이는 우리의 삶에 근본적인 물음을 던집니다. "우리 아버지"라고 말한다는 것, 우리가 살아 계신 하느님의 아들이 되리라는 사실을 마음에 새긴다는 것, 그리하여 양자녀를 넘어서 친자녀가 되어야 한다는 것은 우리가 고백하는 신경의 낱말 하나하나가 우리의 삶이 되어야 한다는 사실을 의미합니다. 우리는 이를 따라 살아야 합니다. 이는 아주 처음부터 있었던 물음입니다. 필립보의 가이사리아 지방에서 예루살렘으로 나아가시던 주님께서 제자들에게 어떤 말씀을 하셨는지 기억하실 것입니다. 주님께서는 당신이 수난을 당하실 것임을 이야기하시며, 이렇게 덧붙이셨습니다. "사흘째 되는 날, 하느님의 아들은 일어날 것이다." 이윽고 야고보와 요한이 주님께 나아가서는, 승리의 날에 그분의 오른편과 왼편에 각각 앉을 수 있을지 여쭙습니다. 마치 주님의 수난에 관해서는 들은 바조차 없는 것처럼, 아무 상관도 없는 것처럼, 예수님의 역할이란 그들이 그분 고난의 열매를 따 먹으며 살 수 있도록 죽어 주시는 것인 양 말이지요. 주님께서 수난을 예고하며 말씀하신 모든 것을, 그들은 마치 듣지 않은 것처럼 이야기하고 있습니다. 그들의 귀에 들어온 것이란 그분이 사흘 만에 다시 일어나실 것이라는 이야기였습니다. 그러니까 승리한다는 말이고, 비극은 끝날 것이고, 그들의 안녕도 보장된다는 것이니까요. 그러자 그리스도께서는 꾸중하시기보다는 이렇게 묻습니다. "내가 마시게 될 잔을 너희는 마실 수 있느냐? 나의 시련에 너희는 참여할 수 있느냐?" 그분은 그들의 눈길을 고난주간으로 돌립니다. 부활의 영광에 이르기 위해서는 먼저 십자가와 갈보리를 대면해야 하기 때문입니다. 그리스도 안에서 우리는 이 길로 들어섭니다. 그리스도를 점차 닮아갈 거룩함에 이를 수 있다면 말입니다. 그러나 우리는 다른 방법으로도 이 비극의 길, 십자가의 길, 우리를 죄에서 해방시키는 죽음으로 들어설 수 있습니다. 예수님과 함께 십자가에 매달렸으나 마지막 순간에 뉘우친 강도가 그랬습니다. 자신은 정당히 형을 받는 것이나, 그리스도의 죽음에는 어떠한 정의도 없다는 사실을 깨달았던 그는 죽음의 시간에 주님께 자신을 당신의 나라에서 기억해 달라고 청합니다.

그러나 그리스도인이 되기 위해서는, 신경의 문장을 진정으로 입 밖에 내기 위해서는, 주님의 기도를 바치기 위해서는, 전례에 참여하기 위해서는 결단이 필요합니다. 막연한 바람만으로는 참여할 수 없습니다. 확실하고 분명한 결단이 있어야 합니다. 말하는 바대로 살겠다고, 그리스도의 방식으로 우리의 삶 전체를 살겠다는 결단이 있어야 합니다. 그렇지 않다면 우리는 그리스도의 삶과 십자가의 죽음에 대한 방관자요 구경꾼일 뿐입니다. 예수에 흥미를 느끼는 청중, 잘하면 마음이 동하기도 하는 그런 사람에 불과합니다. 그런 이들도 주님의 비유에 나오는 메마른 땅처럼, 길바닥처럼, 잠시 씨앗을 품고 있을 수 있습니다. 물론 아예 품지조차 못할 수도 있지요. 어느 편이든, 설사 우리가 그 믿음을 객관적 진리로, 지적인 앎으로 꽤 잘 선포하더라도, 이는 우리에게 결코 닿지 않는 메아리가 될 것입니다.

하지만 우리 모두 그런 식으로 살아갑니다. 성인과 같이 역사 속에서 이를 진지하게 받아들였던 이들이 아닌 이상, 모두 그렇습니다. 그래서 이를 깨닫고 기억하는 일이 중요합니다. 영웅이 되어야 구원을 받을 수 있다는 말은 아닙니다. 그러나 영웅이 될 수 없다면, 모든 용기를 다해 행할 수 없다면, 모든 힘을 다할 수 없다면, 모든 사랑과 신실함을 다해 행할 수 없다면, 적어도 굳은 마음을 찢을 수는 있어야 합니다. 우리가 그렇다는 것을 알고는 있어야 합니다. 회개할 수 있어야 합니다. 우리에겐 이런 마음가짐도 참으로 부족합니다. 물론 때로는 우리가 한 행동을 뉘우치기도 하고 우리가 품었던 잘못된 마음을 뉘우치기도 하지요. 그러나 우리 대부분은 우리가 아직 그리스도 안에 있지 않다는 점에 대해, 우리가 그분을 향하지 않는다는 점에 대해 온몸으로 회개할 줄 모릅니다. 사도 바울은 세례를 받은 모든 사람은 모든 정념을 내버린 사람이라고, 자신의 몸에 그리스도의 죽음을 간직한 사람이라고 말합니다. 세례를 통해 우리는 죽고 다시 일어나기 때문입니다. 우리는 그리스도가 아닌 모든 것에 대하여 죽고, 그리스도를 옷 입듯이 입은 채 일어납니다. 물론 그 일의 시작은 신앙이며, 자신을 오래 시험한 끝에 내린 결단이어야 합니다. 그저 수동적인 시작이 아니라 그 과정의 정점이어야 합니다. 우리의 결단을 시험해 보아야 하며, 우리의 용기를 가늠해야 합니다. 우리에 관해, 하느님에 관해, 그리스도에 관해, 우리가 사는 세계에 관해 질문해야 합니다. 우리는 무엇을 선호합니까? 누구를 더 사랑합니까? 무엇을 선택합니까?

그리하여 우리는 다시금 심판 아래에 놓입니다. 심판이 자신의 모습을 드러낼 때 이와 직면할 수 있다면, 아니 기꺼이 그러기를 원한다면, 우리는 그리스도인이, 이 세상에서 그리스도의 현존을 확장하는 그리스도인이 될 수 있을지도 모릅니다. 로마인들, 이교도들이 초기 그리스도인들을 두고 이야기했듯 우리를 만나는 사람들도 우리를 두고 이렇게 말할지 모릅니다. "저들은 어떻게 저런가? 저들 사이에 있는 저 사랑을 보라. 우리는 저런 사랑을 본 일이 없다." 아무도 우리를 두고 이렇게 말하지는 않을 겁니다. 이 세상 한복판에서 우리가 살아가는 동안 우리는 그리스도의 현존으로 드러나지도, 그리스도의 공동체로서 드러나지도 않으니 말이지요.

게다가 우리가 속한 교회를 우리가 어떻게 대하는지 생각해 보십시오. 우리는 교회를 피난처로, 안전한 장소로 여깁니다. 그러나 안전해지는 것이 우리의 소명입니까? 그리스도께서 제자들에게 그렇게 말씀하셨습니까? 주님께서는 제자들에게 이 세상 안에 있되, 이 세상에 속하지 말라고 하셨습니다. 양을 이리 가운데 보내는 것처럼 제자들을 보내신다고 하셨습니다. 그러나 우리는 요한과 야고보가 그리스도의 십자가 죽음을 대했듯, 그리스도의 제자들에게 반응합니다. 그들이 자신의 삶을 희생해 준 것에 감사만 하는 것이지요. 하지만 주님의 말씀은 우리를 향한 말씀입니다.

주님의 기도 이야기로 다시 돌아가겠습니다. "우리 아버지" 바로 다음에 나오는 말을 생각해 봅시다.

> 하늘에 계신 우리 아버지,
> 아버지의 이름을 거룩하게 하시며
> 아버지의 나라가 오게 하시며,
> 아버지의 뜻이 하늘에서와 같이 땅에서도 이루어지게
> 하소서.

"아버지의 이름을 거룩하게 하시며"라는 말의 뜻, 하느님의 이름을 복되고 영광스럽게 해달라는 말은 그저 하느님께서 영광 중에 나타나시기를 바란다는 청원이 아닙니다. 하느님의 이름을 거룩하게 만들기 위한 구체적인 활동을 의미합니다. 우리가 만나는 온 세상 사람이 그분을 하느님으로 받들도록, 돌이켜 그분을 경배하도록 하는 일을 일컫습니다. "아버지의 나라가 오게 하시며"라는 기도도 마찬가지입니다. 이는 그저 그랬으면 좋겠다는 바람이 아닙니다. 구체적인 활동입니다. 이 세상에 하느님의 나라가 올 때, 그곳에는 더는 두 나라가 아닌 한 나라만이 존재합니다. 우리는 먼저 인간의 도성을 건설하도록 부름받았습니다. 그러나 그곳은 마침내 하느님의 도성으로 변모될 것입니다. 그전까지 우리는 이 땅에서 인간의 도성을 지어야 합니다. 참 인간이신, 완전한 인간이신, 사람의 아들이신 하느님의 아들, 나자렛 예수의 도성, 그분만이 으뜸 시민이 되실 수 있을, 심오한, 영적으로 광대한, 거룩한 도성을 세워야 합니다. 우리는 이 일에 삶의 목적을 두고 있습니까? 이 일을 하며 살아가고 있습니까? 꼭 거창한 일이 아니어도 좋습니다. 그러나 그러려는 마음은 있습니까? "아버지의 뜻이 이루어지게 하소서"라고 하면서도, 실은 하느님의 뜻이 나의 뜻에 맞추어지기를, 그리하여 하느님의 뜻에 쉽게 따를 수 있게 되기를 매번 바라지 않습니까? 상황이나 사람이 바라던 대로 움직이지 않으면, 그렇게 바라고 갈망하던 꿈이 산산조각 나면 "주님께서 주셨던 것, 주님께서 도로 가져가시니, 다만 주님의 이름을 찬양할지라"라고 할 준비가 되어 있습니까? 욥기는 욥이 하느님을 원망하지 않았다고 기록합니다. 밝고, 가볍고, 즐거운 일이 일어나 하느님께 감사하듯, 쓰디쓰고 비극적인 일이 일어나도 하느님을 찬미할 준비가 되어 있습니까?

사도 바울이 한 말이 있습니다.

나에게는 그리스도가 생의 전부입니다. 그리고 죽는 것도 나에게는 이득이 됩니다. … 마음 같아서는 이 세상을 떠나

서 그리스도와 함께 살고 싶습니다. (필립 1:21, 23)

하지만 사도는 덧붙입니다.

여러분을 위해서는 내가 이 세상에 더 살아 있어야 하겠습니다. (필립 1:24)

우리 가운데 누가 "그리스도는 나의 생명이며, 오직 그분과 일치하는 것만이 중요하고, 그분의 뜻을 따르겠다는 다짐으로만 나의 마음이 타오르고, 이 세상에 그분의 구원 사역을 실행하는 것만이 나에게 중요한 일입니다"라고 말할 수 있겠습니까? 그분이 내 안에 사신다고, 따라서 나의 생각과 느낌, 의지와 행동은 오직 나를 통해서 일하시는 그분의 것이라고 우리 가운데 누가 말할 수 있겠습니까? 누가 단언할 수 있겠습니까? 우리는 그렇게 말할 수 없습니다. 그것이 우리의 현실이라고는 감히 상상할 수도 없습니다. 그러나 우리는 적어도 이것이 우리의 바람이며, 뜻이며, 갈망이며, 결단이며, 투쟁이며, 나 자신을 향한 싸움이라고 말할 수는 있습니다. 그렇게 하실 수 있습니까?

죽음을 대하는 사도 바울의 태도는 어떻습니까? 이 세상을 떠나는 순간, 우리 인생의 사랑, 주님이신 예수 그리스도를 뵐 수 있기에 이 세상을 떠나기를 갈망하고 있습니까? 정직하게 그렇다고 말할 수 있습니까? 영원으로 옷을 입는 것이 죽음이라고 생각하고 있습니까? 덧없고 불안한 생명을 놓지 못해 안간힘을 쓰고 있는 것은 아닙니까? 인생의 정점에서, 가장 찬란히 빛나는 시간에, "주님, 이 세상에 제가 필요하니 세상에 살게 해 주십시오. 어서 주님께로 가고 싶지만, 주님께서 세상에서 저를 쓰시는 동안 주님과 떨어져 있을 준비가 되어 있습니다"라고 말할 수 있습니까? 그리스도께서 우리를 이 세상에서 당신의 현존으로, 당신의 증인으로, 당신의 눈과 입술과 손이 되어 진리를 선포하도록, 사랑을 실천하도록, 인간의 도성 안에 하느님의 도성을 건설하도록 부르셨기에, 이 세상에서는 고아와 같은 처지로 살아갈 준비가 되어 있습니까?

이런 삶을 살려고 하지 않는다는 것은 슬픈 일입니다. 그러나 더 슬픈 일은 우리가 이를 의식하지조차 않는다는 사실, 아니 그러려는 마음조차 없다는 사실입니다. 교회는 우리가 생명과 진리, 아름다움, 의미를 찾아야 하는 장소입니다. 세상으로 나아가 다른 이들에게 우리가 본 것을, 순간적으로라도 본 것을, 어쩌면 조금이라도 맛본 것을 전해야 하는 장소입니다. 증인이 되어 "나는 그분 옷자락을 만졌습니다. 그것만큼은 확실히 이야기할 수 있습니다. 오십시오. 와서 보십시오"라고 나아가 외쳐야 하는 장소입니다. 그러나 교회는 피난처가 되고 말았습니다. 치유의 장소가 되고 말았습니다. 물론 교회는 치유의 장소입니다. 문제는 언제까지나 그곳에 머무르려 한다는 것입니다. 우리는 교회에 돌봄만을 요구합니다. 우리는 하느님의 보호만을 원합니다. 위험을 느끼면 우리는 곧바로 등을 돌려 하느님께 달려갑니다. "나를 도와주소서! 나를 구해주소서! 나를 지켜주소서!" 이렇게 교회는 망각의 장소가 되어버리고 맙니다. "비극을 잊게 해주십시오. 위안을 주십시오." 세르게이 하켈Sergei Hackel 신부님이 어느 모임에서 이런 이야기를 한 적이 있습니다. "교회를, 우리는 마치 어머니의 자궁 안으로 다시 들어가려는 것처럼 대합니다." 이 얼마나 안타까운 일입니까? 우리는 이미 태어났습니다. 그런데도 다시금 안전한 망각으로 돌아가려고 합니다. 이는 마치 주님께 이렇게 말씀드리는 것 같습니다. "저 추운 곳으로 나가라고요? 싫어요! 주님, 주님께서 부활하시지 않으셨습니까? 저는 부활의 열매를 따 먹고 싶어요. 요한과 야고보처럼요. 대가는 생각하지 않을래요."

우리는 이러한 모습을 돌아보아야 합니다. 스스로 물어야 합니다. "나의 삶은 어느 정도까지 그리스도인가?" 스스로 물어야 합니다. "나에게 죽음이란 무엇인가? 나의 죽음, 사랑하는 사람들의 죽음, 미워하던 사람들의 죽음, 이 죽음은 무엇인가?" 가장 가까웠던 사람의 죽음 앞에서 "주님, 찬미를 받으소서"라고 말할 수 있습니까? 이런 말을 아무런 의미도 없이 예배를 시작하며 읊조리지는 않습니까? 그 순간 진실로 주님을 찬미하고 있습니까? 우리는 이 예배의 자리에 함께하는 모든 이를 눈에 담고 이렇게 물을 수 있을 것입니다. '나는 참으로 예배를 드리고 있는가? 예배에 진정으로 참여하고 있는가? 그저 구경꾼은 아닌가? 그저 아름다움에 이끌려서는, 복음이 이야기하는 모든 것으로부터 떠나가 버린 것은 아닐까?'

다음 시간에 이어서 이야기하겠습니다.

"하느님의 어린 양이 쪼개어지고 나누어졌으나, 결코 쪼개어지지
도, 나누어지지도 않도다." 교회는 이런 식으로 존재해야 합니다.

VI

아름다움을 넘어 비극을

1990년 4월 26일

여러 해 전, 교회 미술사가 이고르 그라바르Igor Grabar*는 교회 건축에 관한 글을 쓴 적이 있습니다. 글에서 그는 교회는 세상이 조화와 참된 아름다움의 원리에 따라 이루어진다

---

* 이고르 그라바르Igor Grabar(1871~1960)는 러시아의 후기 인상주의 화가이자 출판가, 복원가, 미술사가다. 부유한 가문 출신으로 상트페테르부르크 대학교 법학과에서 공부했으나 법조계에서 활동하지 않고 러시아 예술 아카데미에서 미술을 공부했다. 이후 러시아 예술 아카데미 교수, 트레티야코프 미술관 관장을 거쳐 모스크바 국립대학교 예술사 교수로 활동했다. 러시아 건축과 회화 복원에 힘썼으며 러시아 예술에 관한 다양한 책을 출간했다. 그가 편집 출판한 『러시아 미술사』History of Russian Art는 여전히 러시아 예술의 기초 자료로 평가받는다.

면 어떤 모습으로 보일지, 심미적인 것보다 의미를 추구한다면 세상은 어떻게 될 수 있는지를 전달한다고 이야기했습니다. 설득력이 있다고 생각합니다. 샤르트르 대성당이 그 좋은 예지요. 이 대성당이 음계와 화성에 부합하게 설계되었다는 것은 학자들 사이에서 정설로 통합니다. 그리스도인에게, 하느님의 길과 하느님의 계시에 관해 그토록 많이 들어 알고 있는 우리 그리스도인에게, 그분에게 부끄럽지 않은, 또한 우리 자신에게 부끄럽지 않은 세상을 만들고자 한다면, 그런 세상은 어떤 모습이 되어야 할지 교회는 그 자체로 이야기합니다. 제가 러시아에 처음 갔을 때도 그러한 느낌을 받았습니다. 가난으로 얼룩진 거리와 칙칙한 건물들로 수놓은 잿빛 삶을 가로질러 한 교회에 들어갔을 때, 상상할 수 없는 아름다움이 별안간 저를 에워쌌습니다. 구조물 자체의 아름다움, 성화벽의 장대함, 성화 하나하나의 아름다움, 전례의 아름다움은 물론 이 모든 것을 넘어 나이, 성별, 지위에 상관없이 자신이 받은 것에 응답하던 모든 사람, 잠깐이나마 변화와 변모를 경험했던 사람들에게서 배어 나오는 아름다움이 있었지요.

물론, 이윽고 그들은 교회당을 뒤로 한 채 칙칙한 건물 사이로, 잿빛 현실로, 가혹한 삶의 자리로 돌아갈 것입니다. 그러나 그들이 경험한 것은 지워지지 않습니다. 가장 깊은 내면에 새겨져 남아 있습니다. 레옹 블루아의 말을 빌리면, "고통은 사라지나, 고통을 받았다는 사실은 사라지지 않기" 때문입니다. 경험 자체는 일회적입니다. 그러나 경험에 대한 경험은 사라지지 않습니다. 우리는 어떠한 경험을 통해 변화합니다. 다른 사람이 됩니다. 어떤 일이 있었는지 기억하지 못하더라도, 경험에 대한 기억이 의식 너머로 사라지더라도 상황은 달라지지 않습니다. 구조의 아름다움과 조화, 완전함은 바로 이러한 측면에서 의미로 다가옵니다. 교회 안에 있는 것들이 전달하는 의미에 우리의 마음을 온전히 여는 법을 배운다면, 우리는 교회를 떠나며, 예배를 마치고 일상으로 돌아가며, 언제나 새로운 존재, 다른 존재가 될 것입니다. 그러나 여기에는 조건이 있습니다. 아름다움은 그 자체로 남아서는 안 됩니다. 의미를 이해하는 데 기여해야 합니다. 의식적으로 의식을 넘어서야 합니다. 심미적인 것에 머물러서는 안 됩니다. 누군가 이런 이야기를 한 적이 있습니다. 신자가 아닌 사람은 성화를 보고 "참 아름다운 예술 작품이구나!"라고 하며 경탄하지만, 신자는 성호를 긋고 기도를 한다고 말이지요. 두 사람 모두 성화의 객관적인 아름다움을 감지했습니다. 그러나 누군가에게 이 아름다움은 외적 영역, 심미적 영역에 머무릅니다. 이는 매우 중요한 경계이며, 우리는 반드시 이 경계를 감지해야 합니다. 아름다움에 머물러 있으면 안 됩니다. 물론 플라톤이 말했듯 아름다움은 진리의 광채입니다. 어떠한 형태로든 우리에게 제시된 진리를 마주했을 때 "참 아름답구나!"라고 말할 수 없다면, 그 진리가 마음에 닿았다고 할 수 없겠지요. 어떤 명제가 참이라면, 그 명제가 왜 참인지 설명할 수 있고, 그리하여 우리의 정신이 설득될 수는 있어도, 우리를 그 진리에 참여하게 할 수는 없습니다. 마찬가지로 교회 건축물, 성화, 예배 형식이 진실로 하느님께 드리는 예배라는 차원으로 우리를 인도하지 않는 한, 이들은 우리 외부에 머물러 있습니다. 이러한 점에서 삶에서 경험하는 모든 형태의 아름다움은 의미를 대체할 위험이 있습니다. 계시가 되기보다 오히려 가림막이 될 수 있다는 것이지요. 성화는 창문과 같다는 말이 있습니다. 그렇습니다. 성화는 창문으로 남아야 합니다.

성화와 마주할 때, 우리는 이를 살피며 예술 작품으로서의 성화의 완성도에 대해 이야기할 수 있습니다. 그러나 그때 우리는 성화를 본래의 의도와는 다른 방식으로 대하는 것입니다. 그러한 만남은 어느 순간 끝나야 합니다. 그리고 우리가 만난 성화의 모습, 성화를 분석함으로써 얻은 앎은 성화의 의미를 이해하는 방향으로 나아가야 합니다. 그렇게 하지 않는다면 성화는 그저 수많은 예술 작품 중 하나로 남을 뿐입니다. 성화 중 아름답거나 추한 작품이 무엇인지, 영감을 주는 성화는 무엇이고 영감을 주지 않는 성화는 무엇인지 이야기하겠지요. 그러나 우리 눈에 볼품없어 보이는 성화가 매력적인 종교화보다 더 많은 의미를 우리에게 전할 수 있습니다.

이는 교회에 있는 모든 것에 적용될 수 있습니다. 교회에 있는 모든 것은 의미를 전달해야 합니다. 바꾸어 말하면 하느님을 투명하게 전해야 합니다. 우리도 교회의 모든 것에서 단순히 미적 감정을 느끼는 것을 넘어, 그 너머를 감지하고 받아들여야 합니다(이를 위해서는 자기 부인이 필요합니다). 언젠가 크리소스토무스 성인은 놀라운 이야기를 한 적이 있습니다.

> 기도를 하려거든 성화 앞에 서서 눈을 감고 성화가 드러내는 대상에게 기도하라.

많은 사람이 이 말을 들으면 의아해합니다. "성화 앞에 서서 눈을 감는 이유가 도대체 뭐지?" 성화는 우리와 함께하시는 하느님을 감지할 수 있도록 우리를 고양시킵니다. 그러나 그런 뒤 성화는 우리의 의식에서 사라져야 합니다. 그리하여 하느님의 현존만이 참된 깊이로, 강렬한 경이로 남아야 합니다. 음악도, 건축도, 전례 행위도 마찬가지입니다. 우리가 예배에 익숙해지면 익숙해질수록 예배에서 하는 다양한 동작에 사로잡히지도, 놀라움을 느끼지도 않게 되지요.

여기에 바로 위험이 도사립니다. 전례의 진행 방식에, 전례와 각종 예식이 일어나는 환경에 익숙해질수록, 익숙함에 스며들수록 우리는 떨림을 느끼기 어렵게 되고, 하느님의 현존을 감지하기 힘들게 됩니다. 오직 우리가 기도로 훈련할 때, 언어와 소리, 눈에 보이는 모든 것 너머로 나아가는 법을 배울 때, 내적으로 할 수 있는 한 고요하게 있는 법(이를 관상이라 부를 수 있습니다. 관상이란 무언가에 놀라며 바라보는 아이처럼 온전히 마음을 열고 영혼의 눈을 활짝 뜨는 것입니다)을 익힐 때, 그때에만 우리는 매주 울려 퍼지는 복음의 새로운 깊이를 깨달을 수 있습니다. 그 의미가 우리의 삶 가운데 새롭게 펼쳐지도록 할 수 있습니다.

수십 년 전 어느 러시아 보제님을 만난 일을 기억합니다. 그분은 여든이 넘은 노인이었습니다. 보제님은 저녁 예배에서 혼자 노래를 부르곤 하셨는데, 저는 가끔 들러 성경 독서를 하거나 그분의 독서와 노래를 따라 하곤 했습니다. 그런데 그분은 너무나 빠른 속도로 읽고, 너무나 빠른 속도로 노래하셔서 도무지 내용을 따라갈 수가 없었습니다. 결국, 어느 날 예배를 마치고 (십 대 후반이었던) 저는 치기 어린 마음에 그분을 찾아가서는 다짜고짜 따지고 들었습니다. "신부님, 신부님이 너무 성경을 빨리 읽고 노래하시는 바람에 예배를 하나도 드릴 수가 없어요. 더 나쁜 게 뭔지 아세요? 신부님부터가 무슨 말을 하는지 모를 정도로 빨리 중얼대니 신부님도 예배를 제대로 드린 게 아니잖아요." 그러자 그분은 울음을 터뜨리며 말했습니다. "미안하구나. 네가 오래 성경 말씀과 노래를 들은 사람이 아니라는 걸 잊고 말았단다. 그러나 그거 아니, 나는 아주 배고픈 마을의 가난한 집에서 태어났단다. 부모님은 나를 키울 형편이 되지 않았다. 잘못하면 굶주려 죽게 될 처지였지. 그래서 내가 다섯 살인가 일곱 살쯤 되었을 때, 부모님은 나를 근처 수도원에 보내 일을 돕고 입에 풀칠이라도 하게 하셨단다. 혁명이 일어나기 전까지 나는 그곳에 계속 머무르며 자랐고, 글을 읽는 법을 배우고, 노래하는 법을 배웠다. 그렇게 보제가 되었지. 나는 평생을 전례문을 읽고 듣고 노래하며 살았다. 있잖니, 그렇게 몇 년이 지나니 나의 영혼 자체가 악기가 되더구나. 전례문을 보면 마치 손가락이 현을 타듯 내 영혼 전체가 노래하기 시작하더구나." 그분은 낱말 하나하나를 읽는 것이 아니었습니다. 당신의 존재 전체를 통해 복음을 노래하며 하느님을 찬미한 것이었습니다. 우리가 이를 익힐 수 있다면 얼마나 좋겠습니까.

그러나 이것은 쉽게 익힐 수 있는 것이 아닙니다. 집에서 기도한다면, 오랜 시간을 들여 기도한다면, 성경을 읽으며 입술에 담기는 말을 깊이 묵상한다면, 그 의미를 정확히 깨닫고자 애쓴다면, 그리고 그 안에 담긴 시를 마음에 품고자 애쓴다면, 성경의 모든 낱말이, 예배의 모든 언어가 우리의 마음을 어루만져, 우리가 전율하며 경외와 기쁨으로 예배한다면, 어느 정도는 익힐 수 있습니다. 그러나 우리는 이 경지에 이르지도 못한 채 너무나 자주 기계처럼 예배에 참석합니다. 고뇌의 순간에 사람들의 마음을 쥐어짜던 기도들, 환희와 감사, 찬미와 기쁨의 순간에 용솟음치던 노래들, 이 모든 것은 그저 흔히 들던 낱말과 소리가 되고, 우리는 더는 이에 흥미를 보이지 않습니다. 시편을 묵상하며 그 시편을 노래한 저자의 경험을 마음에 떠올린다면, 시편 51편이 처절한 참회 가운데, 그러나 더없이 힘찬 희망 가운데 다윗의 영혼에서 터져 나온 것임을 기억한다면, 우리는 평범한 글을 읽듯 시편을 읽을 수는 없을 것입니다. 차가운 정신으로 이를 읽는 것처럼 부끄럽고 가슴 아픈 일은 없습니다. 전쟁터에서 한 군인이 마지막으로 남긴 비극적인 편지를 읽으며 비평가마냥 "이 사람은 죽음을 앞둔 순간에도 탁월한 문장으로 글을 쓸 수 있었다"고 평가한다면 그에게 얼마나 모욕적인 일이겠습니까? 하물며 (사소하지만 추한 예를 들자면) 교회에서 드리는 연도와 성인의 기도를 들으며 너무 길고, 지루하고, 장황하다고 생각하고, 심미적인 측면에만 눈길을 기울여서는 "이 성인은 글을 잘 썼는데, 저 성인은 문학적인 재능이 부족하다"고 말한다면 그것만큼 모욕적인 일이 어디에 있겠습니까? 그 모두는 자신의 영혼을 쏟아부어 최선을 다해 쓴 글입니다. 눈물을 흘리며 쓴 거칠고 짧은 문장, 하느님은 바로 그 눈물을 보시며 그 문장에 귀를 기울이십니다. 진심 어린 눈물은 문장에 향기를 더합니다. 어떤 문학 작품도 이러한 아름다움을 줄 수 없습니다.

우리는 아름다움의 노예가 될 수 있습니다. 아름다움에 사로잡히게 되면 이것은 우리를 채울 수도, 변화시킬 수도 없게 됩니다. 우리 바깥에 둔 채 감상하고, 다루고, 즐길 수는 있습니다. 그러나 이는 아름다움의 목적이 아닙니다. 아름다움은 우리에게 닿아 확실하게, 온전하게 복음의 의미를 받아들일 수 있게 합니다. 우리 한 사람 한 사람이 받아들일 수 있는 한도 안에서, 가장 온전히 이를 받아들일 수 있게 합니다. 교회의 경우, 특히 두 가지 상황에서 우리는 아름다움의 노예가 될 수 있습니다. 하나는 (미하일 포르투나토Michael Fortunato 신부님께 한번 말씀드린 것인데, 그분도 그렇게 생각하셨습니다) 성주간 거행하는 크고 작은 예배들이며, 다른 하나는 주일 전례입니다.

성주간 수요일 저녁과 목요일, 성금요일과 토요일 예배는 실로 아름다운 요소들로, 음악으로, 본문으로 수놓아져 있습니다. 그러나 이는 계시를 드러낼 수도 있고, 가로막을 수도 있습니다. 자기를 부인하고 아름다움 너머 비극을, 아름다움 너머 아름다움을 볼 준비가 되지 않은 이에게 이는 가림막입니다. 아름다움과 비극이 공존할 수 있는 것은 그리스도의 희생에 형언할 수 없는 아름다움이 있기 때문입니다. 그러나 이 아름다움은 교회를 찾는 수많은 이가 예배 중에 느끼게 되는 심미적 아름다움과는 거리가 멉니다. 십자가는 위대하고 아름답습니다. 우리에게 하느님이 주신 사랑을, 우리를 사랑하시어 우리 중 하나가 되셨고, 우리의 삶을 사셨고, 인간 타락의 모든 결과를 겪으셨고, 인간관계의 모든 추한 모습을 경험하셨고, 몰이해와 오해, 반역과 기만을 겪으셨고, 가까운 벗들이 겁에 질려서는 모두 당신을 버리고 달아나는 일을 겪으셨고, 하느님의 편에 섰기에 온 민족이 그를 거부하는 일을 겪으셨고, 당신의 인성 안에서, 우리의 모든 비극을 나누심으로써 하느님을 잃어버리는 것이 무엇인지 경험하신 사랑을 드러내기 때문입니다. 이 사랑은 두 구절에서 절정에 이릅니다.

> 나의 하느님, 나의 하느님, 어찌하여 나를 버리셨나이까? (마르 15:34)

> 아버지, 저 사람들을 용서하여 주십시오! 그들은 자기가 하는 일을 모르고 있습니다. (루가 23:34)

이 구절들은 형언할 수 없을 정도로 아름답습니다. 심미적인 차원에서의 아름다움이 아니라 영적인 아름다움, 내적인 아름다움, 영원의 아름다움입니다. 그러나 아름다운 십자가를 바라보며 팔레스타인의 벌거벗은, 나지막한 언덕의 한낮을 달구던 열기를 생각하기란, 인류를 너무나 사랑하여 죽어가던 서른을 갓 넘긴 청년이 매달려 있던 그 거친 십자가를 기억하기란 결코 쉬운 일이 아닙니다. "사람이 자기 친구를 위하여 자기 목숨을 내놓는 것보다 더 큰 사랑은 없다"(요한 15:13)고 하신 주님의 말씀에 바울은 한마디를 덧붙입니다. "벗을 위하여 제 목숨을 바치는 사람도 드문데, 하느님께서는 우리가 하느님의 원수였던 때에 당신의 생명을 내놓으셨습니다"(로마 5:10 참조). 십자가를 바라보며 우리는 십자가에 달린 그리스도를 봅니까? 아니면 이미 부활을 전제한 채 죽음의 잠으로 빠져드는 것 같은 그리스도의 모습만을 봅니까?

오늘날에도 비슷한 일이 일어나는 모습을 봅니다. 어떤 사람들은 다른 사람들을 위해 목숨을 바칩니다. 어떤 사람들은 그 사람들의 희생 덕택에 살아남습니다. 그런 일이 일어날 때, 누군가가 자신을 위해 궁극적인 희생을 했다는 사실을 깨달은 사람들은 결코 이를 잊지 못합니다. 그들의 삶은 변모합니다. 변화합니다. 성인이 된다는 말이 아닙니다. 완전해진다는 말이 아닙니다. 그러나 그들은 이제 '나를 살리기 위해 누군가가 그런 대가를 치렀다면, 나는 그 희생을 무의미한 일로 만들지 않기 위해 살아야 한다'고 의식하며 살기 시작합니다. 그러나 이를 깨닫기 위해서는 십자가의 아름다움과 조화로움, 평화로움을 투명하게 바라보아야 합니다. 권력이 아닌 겸손 위에 선 영광의 왕을 바라보아야 합니다. 아름다움 너머에 있는 거칠고 모진 갈보리의 십자가를, 서성

거리는 군중을, 모욕하는 대사제와 바리사이파 사람들을, 죽음의 고독을, 버림받은 이의 죽음을, 한마디 불평 없이, 다시 한번 인간의 손을 거쳐 하느님의 손에 아들을 넘긴 어머니의 비통함을, 그 비극을 보아야 합니다. 성주간에 거행하는 각종 전례와 활동 모두에 적용되는 이야기입니다.

이제 주일 전례에 대해 이야기해 보지요. 주일 예배의 시작과 끝은 성부 하느님입니다. 우리 주님 예수 그리스도께서 성부 하느님께 바치시는 예식입니다. 그리스도와 우리의 하나됨과 친교를 통해, 그리스도와 함께, 그리스도 안에서, 우리는 이 신비로 들어갑니다. 이 신비를 기립니다. 그렇기에 회중은, 세르게이 불가코프 신부님의 표현을 빌리면, 성육신의 연장입니다. 우리는 전례의 언어를 말하고, 노래하며, 일어서고, 기도하며, 평화 안에서 거룩한 봉헌을 하고, 신경을 고백하며, 주님의 기도를 바치고, 마침내 그리스도 안에서 성체를 영합니다. 바로 그 순간에 우리는 신비 안에서 그리스도와 일치합니다. 최후의 전례는 최후의 만찬입니다. 하지만 우리는 최후의 만찬에 참여하고 있습니까? 이를 의식하고 있습니까? 지성소에서 성직자가 복사들의 도움을 받으며 거행하는 성찬에 참여하는 우리의 모습은 어떻습니까? 그저 빵 한 조각을 얻어먹겠다는 마음으로 참여하고 있습니까? 아니면 그리스도의 비극적인 몸으로서 참여하고 있습니까? 우리의 마음이 있는 곳은 어디입니까?

마지막으로 덧붙이고 싶은 이야기가 있습니다. 최후의 만찬에 이어 일어난 일에 관해 돌아봅시다. 마지막 식사를 끝낸 후, 그리스도께서는 먼저 겟세마네 동산으로 가셨고, 이어 갈보리로 나아가십니다. 복음서에서 주님은 말씀하십니다.

> 내가 너희를 보내는 것은 마치 양을 이리떼 가운데 보내는 것과 같다. (마태 10:16)

주님께서는 이 거룩한 식탁에서 성령의 능력으로 몸과 마음과 영혼 안에서 우리를 당신과 하나 되게 하시고 이 세상에 보내십니다. 그리하여 우리가 당신의 현존이 되게 하십니다. 우리가 살아 있는 기쁜 소식이 되게 하십니다. 더 나아가, 이를 넘어 당신의 실체가 되게 하십니다. 빵과 포도주에 하느님이 임하시듯, 우리에게 진실로 임하십니다. 이 신비를 우리는 깨닫고 있습니까? 바로 이 이유로 교회에 옵니까? 아니면 섬김을 받으러, 무언가를 얻으러, 피할 곳을 찾아올 뿐입니까? 수많은 사람이 교회를 가리켜 사람들이 모인 곳, 회중의 공동체라고 말합니다. 그렇습니다. 교회는 공동체입니다. 하느님의 명령을 받들기 위해 모인 공동체입니다. 그러나 그리스도의 몸이란 무엇보다 가장 먼저 흩어진 사람들의 공동체, 흩어졌으나 하나로 머무는 공동체입니다. 빵을 나누며 사제는 말합니다. "하느님의 어린 양이 쪼개어지고 나누어졌으나, 결코 쪼개어지지도, 나누어지지도 않도다." 교회는 이런 식으로 존재해야 합니다. 잠시 침묵합시다. 그리고 함께 기도합시다.

궁극적으로 교회의 가장 적절한 상, 그리스도와 성령에 비추어 본
교회의 가장 적절한 상은 아마도 모세가 사막에서 본 그 불타는 떨
기나무와 유사할 것입니다.
하느님의 불꽃이 떨기나무에 타오르고 있었으나, 그 불은 떨기를
태우지 않았습니다. 오히려 떨기나무가 하느님과 동화되었습니다.
그리하여 떨기나무는 불과, 불은 떨기나무와 하나가 되었습니다.

VII

하느님의 본성을 나누어 받은 이

1990년 5월 10일

지금까지 저는 우리가 지향하는 이상, 나아가 우리에게 실
질적인 가능성으로 주어진 모든 것과, 이를 가지고 우리가
실제로 하는 행동을 비교하고자 했습니다. 그리고 인격과 관
련된 물음들, 개인과 관련된 물음들에 주목하고 우리 한 사
람 한 사람이 참된 그리스도인이 된다는 것에, 우리가 그리
스도의 형상으로 부름받은 방식과 실제로 우리가 살아가는
방식에 주목했습니다.

이 시간에는 이 문제와 관련된 또 다른 차원을 살펴보려
합니다. 옛말에 이런 말이 있지요. 그리스도인은 개인으로
존재하지 않는다고 말입니다. 그리스도인이 된다는 것은 그

리스도의 몸의 일부가 되는 것을 의미합니다. 우리가 우리를 집단으로 생각할 때, 이 집단이란 그저 개인들의 집합이 아닙니다. 우리는 하나의 지극히 신비로운 몸입니다. 오늘, 그리고 다음 시간에는 어떻게 우리가 함께 이 몸이 될 수 있는지, 단지 '나' 한 사람이 더 거룩한 존재, 더 그리스도인다운 존재가 되는 것을 넘어 이를 함께, 마음을 모아, 의식적으로, 동시에 하느님의 은총에 온전히 힘입어 한 몸이 될 수 있는지를 생각해 보려 합니다. 늘 했던 이야기를 또 하게 되겠습니다만, 이 맥락에서는 또 다른 중요성이 있으리라고 믿습니다.

우리는 교회가 하나의 신앙 공동체로, 같은 성사로, 같은 성직 위계로, 같은 그리스도의 명령으로 연합한 사람들의 모임이라고 고백합니다. 맞는 말입니다. 그러나 이런 설명은 말하자면 도시의 지리를 모르는 방문객에게 우리 교회를 찾아오려면 어떻게 해야 하는지 알려주는 것과 마찬가지입니다. 즉 외적인 설명이라는 것이지요. 이 모든 설명은 교회의 진정한 의미를 모르는 상태에서도 배우고, 알고, 깨달을 수 있습니다. 담벼락 바깥에서 교회를 바라보는 것과 같지요. 그러나 담벼락 안쪽에서 무슨 일이 일어나는지, 우리는 알고 있습니까?

교회가 무엇인지 알고자 한다면, 성경으로 눈길을 돌려야 합니다. 한 가지 예로, 교회는 하느님의 집이라고 불립니다. 하느님께서 머무시는 곳, 그분이 집 같이 느끼시는 장소, 아니, 그분의 집이라는 이야기지요. 그리스도교가 뿌리를 내린 우리 문화에서 이런 단어는 진부한 상징처럼 보입니다. 그러나 처음 그리스도교 선교사들이 발을 내디딘 이교도의 땅을 생각해 본다면, 그리스도인이라는 이름만으로 박해받았던, 그리스도의 이름이 모욕당했던 시대를, 오늘날에도 여전히 존재하는 그런 곳들을 떠올려 본다면, 그분의 모든 길이 거짓이라며, 우리의 믿음이 거짓이라며 배척하는 상황을 염두에 둔다면, 우리는 건물로서든, 공동체로서든 교회의 의미를 다시 생각해 볼 수 있게 됩니다. 이 맥락에서 교회는 하느님의 피난처, 하느님의 집, 그분께서 머무실 수 있고, 그분을 환대하는 곳입니다.

하느님은 누군가가 문을 열어 주면 어디든 들어가시실 수 있다는 옛 히브리인들의 속담이 있습니다. 그런 의미에서 교회가 하느님의 집이라고 하는 것은, 하느님의 피난처라고 하는 것은 위대한 선언입니다. 하느님과 관련해서뿐 아니라, 우리에게 있어서도 위대한 선언입니다. 교회를 세우는 일은 하느님을 원하지 않는 곳에, 하느님을 무시하는 곳에, 하느님을 거부하는 곳에, 하느님을 박해하는 곳에, 우리가 하느님의 피난처를 마련해 드리는 것입니다. 우리라고 하였습니다. 건물을 의미하는 것이 아닙니다. 공동체를 의미합니다. 그리스도께서는 말씀하셨습니다.

> 두세 사람이 내 이름으로 모여 있는 자리, 거기에 내가 그들 가운데 있다. (마태 18:20)

두세 사람이 당신의 이름으로 모인 곳, 바로 그곳이 세상에서 주님이 머무시는 집입니다. 그렇지 않다면 그분은 때로는 부랑자로, 때로는 도둑으로, 때로는 사기꾼으로 매도당하며, 한 곳에서 다른 곳으로 쫓겨갑니다. 그러나 교회 안에 두세 사람이 모였을 때, 그분께는 집이 생깁니다.

이것이 교회의 첫 번째 정의입니다. 감동적인 만큼 중요합니다. 하느님의 필요를 이야기하고, 그분의 필요에 응답하는 우리의 자유를 이야기하기 때문입니다. 우리 마음의 내적 깊이를 말하든, 크고 작은 공동체로서의 우리에 관해 말하든, 이를 깨닫는다면, 우리가 얼마나 하느님께 커다란 의미가 있는 존재인지 알 수 있습니다. 주님이 우리 모두를 사랑하시기 때문만은 아닙니다. 그리스도인들은 당신이 구원하러 오신 이 세상에 그분이 머물 곳을 마련해 드리는, 얼마 남지 않은 사람들입니다. 이는 우리와 하느님 사이에 매우 감동적인 관계를 형성합니다. 그분은 우리의 구원자이십니다. 그리스도인은 그분께 그분이 쉬실 수 있는 장소, 그분을 환대하는 장소, 그분을 예배하고 사랑하는 장소, 그분의 제자가 되기를 원하는 사람들이 있는 곳을 마련하는 이들입니다. 그리고 그분이 사람을 보내 이 세상에서 당신을 선포하도록, 인간에 관해 이야기하도록, 인간의 위대함에 관해 이야기하도록, 인간의 소명에 관해 이야기하도록, 하느님과 같이 위대해지도록 우리를 부르셨다고 외치도록, 기꺼이 그분의 전령이 될 수 있는 사람들이 있는 곳을 마련하는 이들입니다. 이 같은 맥락에서 독일 신비주의자 안겔루스 질레시우스Angelus Silesius*는 말했습니다.

---

* 안겔루스 질레시우스(1624?-1677)은 독일 로마 가톨릭 사제이자 신비주의자, 시인이다. 루터교 가정에서 태어나 스트라스부르 대학교, 라이덴 대학교, 파도바 대학교 등에서 철학과 의학을 공부했으며 의사로 활동했으나 중세 신비주의 저술들에 대한 관심, 루터교 교리에 대한 비판적 견해 등으로 결국 로마 가톨릭 교회로 옮겼다. 1661년 사제 서품을 받았으며 수많은 시를 남겼는데, 개신교에 대한 강한 비판에도 불구하고 개신교에서는 그의 시를 찬송가로 많이 활용했으며, 오늘날에도 쓰이고 있다.

나는 하느님처럼 커다랗고, 하느님은 나처럼 작습니다.

하느님의 집으로서의 교회, 그리스어로 '퀴리아콘 도마'Kyriakon Doma, 주님의 집이란 바로 이런 의미가 있습니다.

그리고 또 하나, 서방에서 쓰는 '교회'église라는 단어의 어원이 된 말이 있습니다. 바로 에클레시아ecclesia이지요. 고대 아테네에서 '에클레시아', 민회란 투표권이 있는 모든 시민, 도시의 시민으로서 모든 권리를 누리는 이들의 모임을 의미했습니다. 그러므로 우리가 에클레시아라고 하는 것은 한편으로 하느님이 선택하신 사람들, 그러나 이유 없이 편애해서가 아닌, 하느님이 신뢰할 수 있기에 선택하신 사람들, 그리하여 그분의 동반자가 되는 권리를 부여하신 사람들의 모임을 뜻합니다. 에클레시아라는 단어를 쓴 데는 이런 이유가 있습니다.

그리스도께서 당신의 제자들을 선택하시며 하신 일을 기억해 봅니다. 그분은 군중 가운데서 열두 명을 택하셨습니다. 복음서에서 주님께서는 이렇게 말씀하십니다.

너희가 나를 택한 것이 아니라, 내가 너희를 택했다. (요한 15:16)

그들은 그리스도의 제자가 되는 길을 선택했습니다. 그러나 주님은 그들을 사도로 선택하셨습니다. 그리고 그들이 구원의 신비에서 한 부분을 담당하게 하셨습니다. 그들 자신의 구원을 넘어, 세상의 구원에 일익을 담당하게 하셨습니다. 그들은 완전한 시민이었습니다. 어디의 시민입니까? 새로운 깊이를 얻은 인간의 도성, 새로운 깊이와 너비, 거룩함으로 자라나기 시작하고 하느님의 도성으로 변화하기 시작하는 인간의 도성의 시민이었습니다. 그들의 존재 덕분에, 그들이 그곳에 있었기에, 그들이 하느님을 위해 문을 열었기에 이것이 가능했습니다. 이것이 교회의 또 다른 차원입니다.

그러나 이 다양한 차원 안에서 우리는 누구입니까? 우리는 세례 예식에서 우리가 그리스도와 함께 죽고, 그리스도와 함께 살아난다고 고백합니다. 물이라는 상징은 너무나 분명합니다. 씻어냄과 정화라는 의미도 있겠지만, 인간이라는 생명체에게 물이 의미하는 것은 분명합니다. 죽음입니다. 물에 잠긴 인간은 다시 나오지 못하면 죽습니다. 그렇기에 고대 교회에서 세례는 침례의 형태로 거행되었던 것입니다(오늘날에도 이러한 관행을 따르는 교회가 적지 않습니다). 그리스어로 세례라는 단어는 무엇보다 가라앉는다는 뜻입니다. 세례는 한번 빠졌다 다시 나오지 못한다면 죽게 되는 경험, 물

속으로 가라앉는 경험입니다. 그리고 다시 물 밖으로 나오는 순간, 우리는 숨을 쉴 수 있게 됩니다. 다시 살아나게 됩니다. 우리는 잠재적으로 죽었습니다. 그러나 이제 진정으로 살아납니다. 그저 상징이나 심상이 아닙니다. 우리가 그리스도에게 녹아들기를 원할 때, 이는 우리에게 현실로 다가옵니다. 그리스도는 우리에게 생명이자 죽음이기 때문입니다. 그리스도가 생명이라는 사실을 우리는 분명히 읽고, 보고, 듣습니다. 그러나 그리스도는 또한 죽음입니다. 우리 안의 옛 사람, 우리의 필멸성을 살고 있는 옛 사람의 죽음입니다. 이 같은 맥락에서 사도 바울은 말했습니다.

> 우리는 언제나 예수의 죽음을 우리 몸에 짊어지고 다닙니다. (2고린 4:10)

그 누가 그리스도보다, 신성으로 가득 찬 그분의 인성보다 더 살아 있을 수 있겠습니까? 그러나 그분은 하느님으로부터 끊어진 모든 것으로부터 죽으셨습니다. 악으로부터, 모든 죽음과 파괴의 원인으로부터 죽으셨습니다.

우리는 이러한 경험을 하도록 부름받았습니다. 그렇기에 세례를 받고자 할 때는 어떤 일이 일어날지, 자신이 무슨 일을 해야 하는지 분명히 아는 것이 중요합니다. 세례를 받는 다는 것은 인류가 발명해 낸 여러 진기한 입문 의식 중 하나에 참여하는 것이 아닙니다. 세례란 소스라칠 정도로 현실적입니다. 물은 그리스도이자 그리스도의 죽음입니다. 우리가 물 안으로 들어갈 때, 우리는 반드시 우리를 죽이는 모든 것, 즉 죽음, 악한 모든 것으로부터의 그분의 죽음, 모든 분리와 파괴로부터의 그분의 죽음에 참여해야 합니다. 그리고 우리는 그리스도를 입고 생명으로 나옵니다. 물 밖으로 나올 때, 우리는 물에 젖은 채 나온다는 사실이 중요합니다. 그리스도의 생명이 우리의 옷입니다. 사도 바울의 이야기, 죽는 것이란 이 세상의 생명을 저버리는 것이 아니라, 영원의 옷을 입는 것이라는 이야기는 바로 이를 가리킵니다. 그리스도는 죽음에 대하여 우리의 죽음이 되시고, 우리에게 심긴, 우리에게 주어진 영원한 생명이 되십니다. 비록 아직 온전히 성취되지 않았으며, 실현되지 않았으며, 완성되지 않았지만, 영원한 생명은 우리 안에 심겨 있습니다.

게오르기 플로롭스키Georges Florovsky* 신부님이 저에게 하

---

* 게오르기 플로롭스키(1893~1979)는 러시아 출신 정교회 사제이자 신학자, 역사가다. 당시 러시아 제국(오늘날에는 우크라이나) 오데사에서 정교회 사제의 자식으로 태어나 노보로시스크 대학교에서 역사를 공부하고 프라하에서 석사 학위를 받은 뒤 1925년 파리에 있는 성 세르기

신 이야기가 떠오릅니다. 그분은 세례를 통해 우리는 씨앗이 심긴 땅, 영원의 씨앗이 심긴 땅이 된다고 하셨지요. 은유를 덧붙이자면 우리는 정원사이자 농부이기도 합니다. 이 씨앗을 자라게 하고, 열매를 맺게 하는 것이 우리의 임무입니다. 바로 이를 통해 우리의 자유가 드러납니다. 모든 것은 이미 주어져 있습니다. 처음에는 멋모른 채 이 모두를 받습니다. 이를 받은 순간에는 이것이 무엇을 수반하는지 모두 깨닫지는 못합니다. 선물을 받았다는 것은 알지만, 그 의미를 충분히, 깊이 있게 깨닫지는 못합니다. 이에 따르는 모든 책임을 알지 못하기 때문입니다. 주님의 초대는 진정 위대한 초대입니다. 그러나 이 위대함은 너무나 위대한 나머지, 우리의 인식 범위를, 우리의 상상을 벗어납니다. 우리는 모두 하느님

우스 신학교에서 윤리학을 가르쳤다. 1932년에는 정교회 사제로 서품 받았으며 1949년에는 미국으로 이주해 성 블라디미르 신학교의 교수가 되었고 후에는 학장으로 활동했다. 정교회 신학자로서 권위를 인정받아 블라디미르 신학교 외에도 유니온 신학교, 콜롬비아 대학교, 하버드 대학교, 프린스턴 대학교에서 정교회 신학과 교부학을 가르쳤으며 정교회 사제로서 교회일치운동과 사목 활동에도 힘썼다. 전문적인 신학 교육을 받지 않았음에도 불구하고 교부 연구와 정교회 신학 연구에 탁월한 업적을 남긴 이로 평가받는다. 주요 저작으로 『교회의 보편성』The Catholicity of the Church, 『교회와 전통에 관하여』On Church and Tradition, 『경전과 전통』Scripture and Tradition 등이 있으며 한국에는 『러시아 신학의 여정 1,2』(지식을 만드는 지식)이 출간된 바 있다.

의 본성을 나누어 받도록 부름을 받았다는 사도 베드로의 선포(2베드 1:4)를 저는 계속하여 인용하곤 했습니다. 그러나 이를 충분히 깨달을 수 있습니까? 경험하여 맛보기 전에는, 몸과 영혼, 정신과 마음, 우리의 의지와 존재 전체에서 무언가 일어난다는 사실을 깨닫지 못합니다. 그 무언가란 우리 인성의 완성입니다. 단순한 발전이 아니라, 변모입니다.

세례는 이러한 의미에서 시작입니다. 그다음은 우리의 자유에 맡겨져 있습니다. 우리에게 심긴 씨앗을 내버려 둘 수도 있고, 이를 돌볼 수도 있습니다. 우리의 자아 전체로 그리스도의 죽음을 품을 수 있지만, 언제든 이를 떨쳐버릴 수 있습니다. 잠깐 떨쳐버릴 수도 있고, 오랜 시간 동안 내버려 둘 수도 있습니다. 그러나 이 씨앗은 결코 사라지지 않습니다. 우리가 살아 있는 한, 이 씨앗은 우리 안에 머물러 있습니다. 잠든 채로 말이지요. 그러나 다시 생기를 얻을 순간이 올 것이고, 와야 합니다. 그리스도께서 우리와 관계를 맺고 계시기 때문입니다. 우리는 그분의 죽음 그리고 그분의 생명이 우리 안에 모두 머무는 방식으로 그분과 독특한 관계를 맺습니다. 그리고 동시에 그분은 우리를 당신 안에 받아들이십니다. 당신의 성육신을 통해, 당신의 성육신 안에서, 우리와 같아지는 길을, 우리 모두와, 그리고 우리 각자와 같아지는 길을 선택하셨기 때문입니다.

이 같은 맥락에서 교회에 관해 생각할 때, 바로 그때, 우리는 교회에 대한 하나의 시각을 얻게 됩니다. 그리스도는 참 인간이자 동시에 참 하느님이신 분입니다. 그분은 신기루가 아니라 참된 현실이라는 점에서 참된 인간이십니다. 또한, 그분은 완전한 존재, 성취된 존재입니다. 인간이 된다는 의미는, 그 가장 참된 의미는 하느님과 하나가 되어 존재한다는 것입니다. 하느님과 완전한 친교를 나누는 인간, 그리하여 그 안에 하느님이 머무시는 인간, 하느님 안에 머무는 인간이야말로 참된 인간입니다. 하느님의 아들인 그리스도께서는 사람의 아들이 되시며, 아담의 아들인 우리는 하느님의 외아들 안에서 살아 계신 하느님의 자녀가 됩니다. 처음에는 자녀라는 복수로 표현할 수밖에 없습니다. 그러나 궁극적으로는, 이레네우스 성인의 과감한 표현을 빌리자면, 하느님이 모든 것 안에서 모든 것이 되실 때, 성령에 힘입어, 그리스도와의 일치 안에서 우리는 하느님의 그 외아들이 될 것입니다. 온 인류가 외아들 안에서 바로 그 아들이 될 것입니다.

우리의 삶은 탄생의 순간에, 세례의 순간에 시작됩니다. 우리의 삶은 하느님의 양자가 되는 것에서 시작합니다. 그러나 양자, 입양된 자녀라는 개념은 점차 녹아 사라지고 투명해지며, 마지막에는 더는 입양이라는 개념은 남아나지 않게 됩니다. 하느님의 아들이라는 개념만이 남게 됩니다. 당연하지만 여기서 하느님의 아들이라고 할 때 성별은 관계가 없습니다. 우리를 하느님의 유일한 자녀, 입양된 자녀가 아닌 참된 자녀로 만드는 그 관계를 설명하기 위하여 사용하는 용어이니 말이지요. 우리는 양자로 시작하나, 친자로 완성됩니다.

교회에는 그리스도가 계십니다. 인간이 어떤 존재인지, 인간이라는 존재가 무엇인지에 관한 이상이 있습니다. 그러나 교회 안에는 우리 자신도 있습니다. 우리의 모습이 있습니다. 앞서 말씀드렸지만, 처음에 우리의 모습은 잠재적으로 그리스도를 닮았습니다. 그럴 가능성이 우리에게 있습니다. 그러나 아직 완성되지 않았습니다. 우리에게는 모든 것이 주어져 있습니다. 우리는 이를 받기만 할 것이 아니라, 받은 것을 열매 맺게 하여야 합니다. 온전한 사람이 되어서, 그리스도의 충만함의 경지에까지 다다라야 한다는 사도 바울의 이야기는 바로 이를 가리킵니다. 신성으로 가득 찬 그분의 인성, 그 완전성에 도달하도록 성숙해야 하는 것입니다.

그렇다면 교회는, 그리스도의 교회는, 그분 안에서의 완전한 몸인 동시에 우리 안의 불완전한 몸이라 할 수 있습니다.

불완전한 것은 이질적인 것이 아닙니다. 불완전한 상태에 머물러 있다는 것, 아직 완전함에 이르지 못했다는 것, 아직 완성되지 못했다는 것, 아직 위대함에 이르지는 못했지만, 그 위대함을 향해 움직이고 있음을 의미하지요. 교회란 이미 성인이 된 이들의 모임이 아니라 회개하는 죄인들의 무리라는 시리아의 에프렘 성인의 이야기를 기억하십니까? 여기서 회개한다는 것은 그저 잘못을 뉘우칠 뿐 아니라, 모든 유혹과 모든 악으로부터, 하느님을 등진 모든 것으로부터, 자기 중심성으로부터, 상대방을 배척하는 모든 행위로부터, 하느님을 등지고 하는 행위로부터 자신을 돌이켜 하느님을 향해 나아가는 것을 의미합니다. 참으로 중요한 이야기입니다. 또한, 세라핌 성인은 말했습니다. 멸망하는 죄인과 거룩함으로 자라나는 죄인의 차이는 결단뿐이라고 말입니다. 참으로 옳습니다. 어느 길로 나아갈지는 우리에게 달려 있습니다.

교회는 이 양극성을 지니고 있습니다. 한편으로 우리는 인류를, 우리 자신을 보며, 다른 한편으로 그리스도의 인격 안에서 모든 영광으로 가득 찬, 완전하며, 모든 것이 성취된 교회를 봅니다. 이 양극 사이에서 우리는 여전히 순례자이며, 여전히 걷고 있다는 사실을 깨닫습니다. 그렇습니다. 우리는 순례자입니다. 우리의 도성, 우리가 속하는 곳이 하느님 안에 있다는 의미에서, 그곳으로 나아가고 있다는 점에서 그렇습니다. 우리의 본향은 하느님의 도성입니다. 그곳에서 우리는 그리스도를, 그 완전함을 봅니다. 하느님의 아들 그리스도와 그분의 아버지와의 관계를, 그리하여 그 아버지가 우리 아버지가 되는 관계를 봅니다.

교회는 이렇게 움직입니다. 교회는 무언가 되어감 속에 있습니다. 그리고 그리스도 안에서, 그분을 통해 우리는 그 무언가를 보았습니다. 이 되어감 속에서, 우리 한 사람 한 사람은 '나' 자신만이 아닌 전체의, 온 인류의 운명에 대한 책임을 집니다. 한 명이라도 파멸한다면, 전체는 불완전하기 때문입니다. 실로 엄청나면서도 두려운 일입니다. 누군가는 떨어져 나가고 더 깊이 수렁에 잠기고 있는 와중에, 내가 하느님을 향해 자라난다고 해서 만족할 수 있겠습니까? 평안할 수 있겠습니까? 한 사람이라도 죽으면, 몸 전체가 사라집니다.

하느님께서 모세에게 이집트에서 당신의 백성을 이끌어 약속의 땅으로 가라고 하셨을 때, 모세가 어떻게 반응했는지 기억하시는 분이 있는지 모르겠습니다. 그는 말했습니다.

당신께서 함께 가지 않으시려거든, 우리도 여기를 떠나 올

라가지 않게 하십시오. (출애 33:15)

이 얼마나 놀랍고 대담한 말입니까? 얼마나 아름다운 일입니까? 하느님께서 같이 가지 않으신다면, 순례에는 아무런 의미가 없고, 우리 또한 순례자가 아닙니다. 떠돌이에 지나지 않게 됩니다. 우리가 순례자일 수 있는 것은 사도가 말하듯 하느님의 도성이 있기 때문입니다. 영원한 도성이 있기 때문입니다. 우리는 단지 보내졌을 뿐, 지상에 완전히 속하지 않기 때문입니다. 우리는 세상에 속하지 않습니다. 그러면서도 세상에 살고 있습니다. 그렇기에 우리는 거룩함을 향해 분투하며, 동시에 몸 전체의 불완전성을 깨닫습니다. 각 지체가 불완전하기 때문입니다. 그러나 동시에, 우리의 불완전함이 교회의 온전함을 파괴할 수 없음을 우리는 깨닫습니다. 온전한 교회는, 곧 인간 안에 계신 하느님이자 하느님 안에 계신 인간, 교회의 첫아들, 주님이신 예수 그리스도 안에서, 그분을 통해 현실이 되었기 때문입니다.

그러한 의미에서 성육신이란 종말론적 사건입니다. 종말을 뜻하는 그리스어 에스카톤eschaton은 최종적인, 결정적인 무언가를 뜻합니다. 그렇습니다. 종말이란 마침내 올 것이며, 결정적인 차원에서 이미 일어났습니다. 이미 일어났고,

여전히 일어나야 합니다. 이미 우리는 모두 그리스도 안에 있습니다. 그러나 우리는 그리스도의 충만함의 경지에까지 다다라야 합니다. 교회는 구성원으로 보나, 구조로 보나, 공동체의 질로 보나 여전히 불완전합니다. 그러나 그 중심에는 하느님께서 거두신 승리의 충만함이 깃들어 있습니다.

그러나 교회는 그리스도 안에만 있지 않습니다. 교회는 성령 안에서 살아 있습니다. 성부로부터 나와 성자가 보내시는 바로 그 협조자 성령 안에서 교회는 살아 있습니다. 그러나 성령은 협조자만이 아닙니다. 협조자는 그리스도로부터 떨어진 우리를 위로하시는 분, 하느님으로부터 멀어진 우리를 위로하시는 분입니다. 우리에게 싸울 힘을 주시고, 완전함에 도달하는 기쁨을 맛볼 수 있게 하시는 분도 성령입니다. 이렇게 이야기하면 우리는 성령을 우리 바깥에 계신 분으로 여길 수 있습니다. 그러나 성령은 우리의 생각보다 더 친밀한 분, 더 가까이 계신 분이십니다. 주님께서는 우리에게 성령을 보내셨습니다. 그리고 우리는 그 성령 하느님의 거처로 부름받았습니다. 아니, 우리는 그저 부름만 받은 것이 아닙니다. 사도의 말씀을 따르면, 우리가 바로 성령의 처소입니다. 그분은 우리 안에 살아 계십니다. 우리 안에 계셔서 우리를 위해 싸우십니다. 우리를 그리스도의 형상으로 빚고 계십니다. 우리 안에서 아들만이 할 수 있는 그 말씀을 하십니다. "아빠, 아버지!" 그리고, 우리가 의식적으로 이 자녀의 말을 할 수 없다면, 성령께서는 말로 다 할 수 없을 만큼 깊이 탄식하시며 하느님께 말씀하십니다. 눈먼 채 갈 길을 찾아 더듬고 헤매며 갈망하는 이들의 탄식 안에서, 여전히 족쇄에 묶여 있으나 그리스도의 완전성 한 가지만을 바라는 이들의 탄식 안에서, 이것이 무엇인지 모르나, 자신 안에 두려운 광활함이, 사막이 있음을 느끼는 사람, 이 사막에 생명이 피어나지 않는다면 자신은 그 안에서 죽고 말 것이라는 사실을 깨닫고 고뇌하는 이들의 탄식 안에서, 성령께서는 신음하십니다. 성령께서는 우리에게 이 탄식을 가르치시며 우리 안에서 이 갈망을, 이 굶주림을, 이 목마름을 되살리십니다. 그리하여 실로 우리가 말라 갈라진 땅임을, 이슬을 바라고 비를 기다리는 메마른 땅임을 깨닫게 하십니다. 우리 한 사람 한 사람이 살아 있는 그리스도의 일부인 것처럼, 그 지체인 것과 같은 방식으로 성령께서는 우리 한 사람 한 사람 안에 머무십니다.

그렇다면 우리는 그리스도, 성령과 어떻게 관계를 맺고 있는 걸까요? 사도 바울은 올리브 나무를 들어 이를 설명합니다. 수액이 풍부하고 생명력으로 가득 차 있어 죽어가는 작은 가지를 접붙일 수 있는 올리브 나무가 있습니다. 죽어가던 가지도 이 나무의 수액에 힘입어 살아날 수 있지요. 이때 나무는 그리스도이고 수액은 아마도 성령일 것입니다. 이 은유에는 비극적이면서도 경이로운 측면이 있습니다. 먼저 살 수 있으나 죽어가는 작은 가지를 발견하면 정원사는 이 가지를 나무에서 잘라냅니다. 그 순간, 그 잔가지에 있던 짧은 생명, 일시적이며 위태롭던 그 생명은, 더는 수액을 공급받지 못하게 되며 그대로 끝난 것과 다름이 없게 됩니다. 상처를 입고, 죽은 것이지요. 그런 다음 정원사는 조금 전 가지를 자르는 데 사용했던 그 칼을 가지고 생명을 주는 나무의 가지를 쪼갠 후, 앞서 잔가지와 생명을 주는 가지의 상처에 상처를 연결합니다. 그러면 그 가지는 다시 나무의 수액으로 살아날 수 있습니다. 나무는 그 가지에 생명을 줄 것이나, 그 가지 자체가 변하지는 않습니다. 내버려 두었더라면 말라버렸을 이 가지가 무언가 다른 것으로 바뀌는 것은 아닙니다. 그러나 이 가지의 모든 가능성은 고양되며, 충족되며, 완성에 이릅니다. 가지에 담겨 있는 모든 잠재적 영광을 뽐냅니다. 바로 이런 방식으로 우리는 그리스도와 연결되어 있습니다. 우리는 세례를 통해 죽습니다. 세례는 죽음에 죽음을, 상처에 상처를 연결합니다. 그리고 그분과의 친교를 통해 살

아닙니다. 우리의 관점에서는 이러한 친교가 특히 위대하고 분명한 의미를 얻게 되는 순간이, 모두가 경험하는 신비로운 순간이 있습니다. 바로 성찬례에서 그리스도의 성체와 보혈을 받게 될 때이지요. 이때 우리는 그리스도의 인성에, 하느님 아들의 신성으로 충만한 그 인성에 참여합니다. 여기서 우리에게 일어나는 일은 빵과 포도주에 일어나는 것과 너무나 유사합니다. 하느님께서 빵을 채우시고, 포도주를 채우십니다. 그리하여 빵과 포도주는 주님의 몸과 피가 됩니다. 그러나 빵은 여전히 빵으로, 포도주는 여전히 포도주로 남아 있습니다. 하느님은 당신이 창조하신 것에 임하실 때, 당신이 창조하신 것을 파괴하지 않으십니다. 오히려 그분은 이를 충만케 하십니다.

그리하여 궁극적으로 교회의 가장 적절한 상, 그리스도와 성령에 비추어 본 교회의 가장 적절한 상은 아마도 모세가 사막에서 본 불타는 떨기나무와 유사할 것입니다. 하느님의 불꽃이 떨기나무에 타오르고 있었으나, 그 불은 떨기나무를 태우지 않았습니다. 오히려 떨기나무가 하느님과 동화되었습니다. 그리하여 떨기나무는 불과, 불은 떨기나무와 하나가 되었습니다.

이는 교회의 본질이 무엇인지, 교회라는 존재의 핵심에

무엇이 있는지를 보여줍니다. 교회는 그리스도 안에서, 성령 안에서, 말할 수 없는 신비함으로 성부 하느님과 연결되어 있습니다. 그러나 이는 세월이 흐른 후에, 모든 것이 완성되었을 때, 모든 것이 열매를 맺었을 때, 하느님께서 모든 것 안에 모든 것으로 계실 때 일어날 일입니다. 그 본질에 있어, 그 본성에 있어, 교회의 상이란 바로 이것입니다. 그러나 동시에 이는 교회가 나아가고 있는, 되어야 할 상이기도 합니다. 이 과정은 우리 한 사람 한 사람에게서, 우리 모두에게서 일어나고 있습니다. 그러나 우리는 이를 충분히 깨닫지 못합니다. 서로를 바라보지만, 무엇을 바라봅니까? 통상적인 모습만을 볼 뿐이며 세상의 이름으로 서로를 부릅니다. 어떤 면에서는 세례명조차 역사 속에서 서로를 부르는 (세상의 이름과는 다르기는 하나) 이름일 뿐입니다. 우리 한 사람 한 사람의 참된 이름을 알게 되는 때가 올 것입니다. 계시록은 이야기합니다. 종말이 오면, 우리 각자는 이름을 받게 될 터인데, 그 이름은 이름을 받는 사람과 하느님만 알 것이라고 말입니다(계시 2:17 참조). 어쩌면 이 이름은 하느님이 우리를 창조하시고, 부르시고, 사랑하시어 존재하게 하실 때 하느님께서 붙이신 그 이름일지도 모릅니다. 정확히는 모르겠습니다. 어쨌든 이는 온전히 우리가 될 이름이며, 우리는 온전히 그 이름이 될 것입니다.

하느님의 천사들에게서 우리는 이것이 이미 성취되었음을 볼 수 있습니다. 여러분도 아시듯 하느님의 수많은 천사에게는 모두 이름("하느님과 같은 이 누구인가", "하느님의 힘", "하느님께서 치유하신다" "하느님은 빛이시다", "하느님의 중보", "하느님의 축복", "하느님으로의 상승" 등)이 있습니다. 그리고 이 이름은 그 천사가 하느님과 관련해 무엇을 나타내는지를 압축해서 보여주지요. 우리가 이러한 관점으로 우리 자신을, 서로를 조금이라도 바라볼 수 있다면, 우리는 우리 안에서, 서로에게서 실로 위대하고, 실로 거룩한 무언가를 발견할 것입니다. 결코 통상적으로 자신과 이웃을 대할 수 없게 될 것입니다.

한 가지 이야기를 덧붙이며 마무리하려고 합니다. 한 무리의 수사들이 있었습니다. 그들은 한때 매우 번창하던 수도원에 속해 있었는데, 점차 몰락하여 이제는 이들만이 남아 수도원을 지키는 처지가 되었지요. 사람들의 발길도 끊어졌습니다. 근심과 걱정에 사로잡힌 채, 한 수사가 수도원을 나서 숲으로 향했고, 그곳에 오두막을 짓고 살던 랍비를 찾아 조언을 구했습니다. "수도원을 어떻게 되살릴 수 있을까요? 어떻게 해야 할까요?" 랍비는 아주 이상한 이야기만 전해줄 뿐이었습니다. "제가 말할 수 있는 건 단 하나, 여러분

중 한 사람이 메시아라는 겁니다." 그러자 이 수사는 돌아가 자신이 들은 바를 동료 수사들에게 고했습니다. 그들은 당혹감에 사로잡혔습니다. 대체 무슨 말인지 이해가 되지 않았습니다. 그저 계속 되뇔 뿐이었습니다. '정말 우리 중 하나가 메시아일까? 그렇다면 누구일까? 저 사람일까? 아니면 이 사람? 아니면?' 그들은 계속하여 생각했습니다. '아니면 혹시 나인가?' 모두가, 이 질문을 한 사람부터가 메시아일 수 있었기에, 그들은 이제 서로를 새로운 눈으로 바라보기 시작했습니다. 서로를 다르게 바라보았고, 서로를 다르게 대했습니다. 메시아를 대하듯 서로를 대했습니다. 그리하여 서로를 전심으로 걱정하고, 전심으로 공경하고, 전심으로 존경하고, 전심으로 섬기고, 전심으로 사랑하고, 전심으로 용서하고, 전심으로 너그럽게 대했습니다(공경과 사랑뿐 아니라, 관용과 인내를 베푼 이유는 각자가 불완전하며, 메시아의 완전함으로 성숙하는 데 형제 공동체의 지지가 필요했기 때문입니다). 한 사람 한 사람이 자신을 대하는 방식 또한 바뀌었습니다. '내가 메시아가 될 수 있다면, 나는 얼마나 경건한 마음으로 나 자신을 대해야 할 것인가?' 그 결과 수사들 사이에서는 새로운 관계가 형성되었습니다. 이후 사람들이 수도원을 방문했을 때 그들은 이전에는 한 번도 보지 못한 광경을 보았습니다. 서로를 마치 하느님처럼 대하는 사람들의 모습, 기름 부음 받은 자처럼 대하는 사람들의 모습을 보았습니다. 자기 자신이 바로 기름 부음 받은 존재인 것처럼 행동하는 모습을 보았습니다. 이를 본 사람들은 하나둘 몰려들기 시작했고, 그들 주위에 정착했습니다.

여기서 마무리하겠습니다. 이 이야기의 의미를 묵상하시기 바랍니다. 우리가 서로를 이렇게 대할 수 있다면, 우리 자신에게 '누구누구가 하느님의 사자가 아닐까? 혹시 이 사람이 나에게 그리스도를, 하느님을, 인간을 드러내는 존재가 아닐까?', 이렇게 묻기 시작할 수 있다면, 우리는 참된 그리스도교 공동체의 첫 삽을 뜰 수 있을지도 모릅니다.

우리는 우리 자신에게서 일그러지지 않은 모습을, 형상을 보는 법
을 배워야 합니다. 이를 보는 법을 익히는 일이 극히 중요한 까닭
은, 우리가 흐릿한 빛을 통해, 어둠을 통해, 왜곡을 통해, 죄성을 통
해, 악함을 통해, 우리에게 있는 모든 나쁜 것을 통해, 그보다 더 깊
은 곳에 있는 하느님의 형상을 자신에게서 보지 못한다면, 다른 사
람에게게서도 이를 결코 볼 수 없을 것이기 때문입니다. 우리 자신의
불투명함과 다른 사람의 불투명함을 꿰뚫어야 합니다.

VIII

"당신은 나의 기쁨입니다!"

1990년 5월 31일

　지난 시간 저는 교회에 관해, 보이지 않지만 이미 성취된, 이미 완전한 영광에 이른 교회의 모습에 관해 이야기했습니다. 교회 안에서 참 인간이신 주 예수 그리스도는 또한 참 하느님이시며, 그분 안에서 우리는 이미 모든 것의 완성을 봅니다. 그분에게서 우리는 모든 위대함과 찬란함을 갖춘 우리 인성의 본을 목도합니다.

　우리는 또한 그분의 성육신 안에서, 영광 안에서 하느님과 연합한 물질세계를 봅니다. 아니, 피조 세계 전체가 이를 봅니다. 그리고 그리스도의 거룩한 승천 안에서 우리는 인류를 포함한 만물이 하느님이라는 신비의 심연으로 들어가는 것을 봅니다. 그리고 영광의 우편에 앉아 계신 분을 봅니다. 그러나 우리에게 주어진 이 땅에서, 이미 쟁취한 승리는 우리한 사람 한 사람에 의해, 또한 한 세대 한 세대를 거쳐, 한 걸음 한 걸음씩 우리의 것이 되어가야 합니다. 그리고 이렇게하는 가운데, 우리는 교회가 그리스도 안에서 이미 성취되었지만, 완성되어 가는 과정에 있지만, 하느님의 성인들 안에서 목표에 근접했지만, 또한 동시에 너무나 약하다는 사실을깨닫습니다. 우리 한 사람 한 사람 안에서, 우리 전체 안에서 성취되기에는 우리가 너무나 연약하다는 사실을 깨닫습니다. 하지만 빛이 어둠 속에서 비치고 있으며, 어둠은 빛을이겨본 적이 없다는 복음서 말씀을 기억하십시오. 이 말씀은 교회, 즉 우리에게도 적용될 수 있다고 생각합니다. 우리한 사람 한 사람에게는 이 영원한 생명의 씨앗이 있습니다. 영원의 불꽃이 있습니다. 그 무엇도 이를 끌 수 없습니다. 그무엇도 이를 파괴할 수 없습니다. 우리 한 사람 한 사람 안에새겨진 하느님의 형상은 결코 사라지지 않습니다. 이는 거룩한 것이며 우리 각자에게 있습니다. 세례를 통해 그리스도와 연합함으로써 우리 한 사람 한 사람 안에서 이 형상은이미 활성화되었습니다. 활력을 얻었습니다. 그리고 성령에의한 견진의 신비를 통해 다시금 역동적이며 강력하게 채워

졌습니다. 우리는 이미 수 세기와 수천 년에 걸쳐, 지상의 모든 공간에 걸쳐 성육신하신 그리스도께서 깃들어 계시는 연장선상에 있는 존재입니다. 우리는 아직 완성에 이르지 못했습니다. 그러나 이미 우리는 성취되었습니다. 교회에도 이러한 이중성이 있습니다. 한편으로 교회를 위대한 곳이라고, 거룩한 곳이라고, 하느님과의 연합이 이루어지는 곳이라고, 사랑의 유기체라고, 독특한 몸이라고 하는 모든 진술은 맞습니다. 그리고 그렇게 말해야 합니다. 그러나 동시에 우리 한 사람 한 사람 안에서, 그리고 우리 모두에게서 교회가 여전히 움직이고 있다는 사실을 깨달아야 합니다. 게다가 이 움직임이 '필연적으로' 승리를 향해 움직이지는 않습니다. 우리는 매 순간 생명과 죽음 사이에서, 영원과 시간 사이에서, 하느님과 어둠 사이에서 흔들립니다. 그러나 우리는 승리를 확신할 수 있습니다.

제가 이야기하고 싶은 것은 어둠이나 불완전함이 아닙니다. 제가 이야기하고 싶은 것은 우리가 이미 소유한 것보다 더 많이 성취해야 한다는 점입니다. 여기에는 하느님의 은총뿐만 아니라, 우리 각자의 노력이 필요합니다. 하느님에게 기대어 그분과 함께 우리는 움직여야 합니다. 그리스인들은 이를 '쉬네르게이아'synergeia라고 이야기했습니다. 같은 맥락에서 사도 바울은 우리가 "하느님의 동역자"(1고린 3:9)라고 말한 바 있습니다. 세상을 구원함에 있어, 세상을 구원하기 위해서뿐 아니라, 우리 자신의 완성을 위해서도, 우리는 하느님과 함께 일합니다. 우리는 그리스도의 충만함에 도달하기까지 성장해야 합니다(에페 4:13). 이것은 명령입니다. 선택이 아닙니다. 아니, 명령이라기보다는 부르심입니다. 하느님께서는 이렇게 말씀하시는 것입니다. "너는 그 경지에 다가가지 않는 한, 충만함에 이르지 못할 것이다. 그리고 나의 도움 없이, 너는 결코 그 경지에 다가가지 못한다. 나 없이, 너는 아무것도 할 수 없다." 그리고 다시, 사도 바울은 하느님의 부르심에 충실하기 위한, 하느님의 보내심을 이행하기 위한 힘을 구했습니다. 그러나 하느님께서는 그에게 이렇게 말씀하셨습니다. 그에게는 힘이 필요하지 않다고, "나의 능력은 약한 데서 완전하게 된다"(2고린12:9)고, 해이나 비겁, 나태가 아닌 내려놓음에서, 유연함에서, 투명함에서 당신의 권능이 드러난다고 말입니다. 자신이 약하다는 사실을 깨닫고 나서, 자신이 할 수 있는 것은 아무것도 없다는 사실을 깨닫고 나서 바울은 이렇게 외칩니다.

　　나에게 능력을 주시는 분에게 힘입어, 나는 무슨 일이든지

할 수 있습니다. (필립 4:13)

이것이 우리의 조건입니다. 물론 우리는 바울의 경지에 도달해 있지는 않습니다. 그러나 우리는 모두 바울과 같은 방향으로 움직입니다. 가장 위대한 사람조차 가장 약한 사람과 같은 도움을 필요로 한다는 사실을 생각하면 참으로 격려가 됩니다. 가장 위대한 성인조차 마지막 순간에 이르기까지 소명을 달성하지 못할 수 있습니다. 그러나 하느님의 도움은 한순간도 그를 떠나지 않습니다.

지난 시간에 오셨던 분들은 수도원의 수사가 랍비와 나눈 이야기를 기억하고 계실 수도 있겠습니다. 저는 여러분이 수사들에게 어떤 일이 결과적으로 일어났는지보다는, 우리의 자리에서 어떻게 그들처럼 할 수 있는지에 관심을 기울이기를 바랍니다. 우리는 우리 한 사람 한 사람이 하느님의 모습을 따라 창조되었음을, 그분의 거룩한 형상, 그 지워질 수 없는 형상이 우리에게도 새겨져 있음을 알고, 고백하고, 선포합니다. 이는 더럽혀질 수는 있으나, 파괴될 수는 없습니다. 우리가 아직 선택할 능력이 없을 때 이 믿음을 받았고, 이 믿음을 간직하였습니다. 그리스도를 믿기에 우리는 세례를 통해 그리스도 안으로 들어갔고, 그분의 죽음으로, 그분의 부활로 들어갔습니다. 요한에게 요르단강에서 세례를 받으셨을 때, 당신의 인성을 하느님의 성령이 충만하게 채우신 것처럼, 우리 또한 하느님의 성령으로 충만합니다. 바로 이 때문에 우리는 이에 따라 행동하고, 다른 이와 자신을 대할 수 있음을 우리는 압니다.

동시에 우리는 이를 깨닫지 못합니다. 서로에게서, 우리 자신에게서 불완전하고 왜곡된 모습을 찾는 것이 너무나 쉽기에 그렇습니다. 우리는 서로를, 그리고 자신을 왜곡된 거울로 봅니다. 주님께서는 말씀하셨습니다.

> 눈은 몸의 등불이다. 그러므로 네 눈이 성하면 네 온몸이 밝을 것이요, 네 눈이 성하지 못하면 네 온몸이 어두울 것이다. (마태 6:22~23)

눈이 맑지 못하면 모든 것이 왜곡되어 보입니다. 우리의 눈은 앞에 선 사람을 완전히 일그러진, 우스꽝스럽고 무섭기까지 한 모습으로 보이게 하는 비틀린 거울과 같습니다.

우리는 우리 자신에게서 일그러지지 않은 모습을, 형상을 보는 법을 배워야 합니다. 이를 보는 법을 익히는 일이 극히 중요한 까닭은, 우리가 흐릿한 빛을 통해, 어둠을 통해, 왜곡을 통해, 죄성을 통해, 약함을 통해, 우리에게 있는 모든 나쁜 것을 통해, 그보다 더 깊은 곳에 있는 하느님의 형상을 자신에게서 보지 못한다면, 다른 사람에게서도 이를 결코 볼 수 없을 것이기 때문입니다. 우리 자신의 불투명함과 다른 사람의 불투명함을 꿰뚫어야 합니다. 그러므로 그리스도께서 "'네 이웃을 네 몸과 같이 사랑하여라"(마태 22:37)라고 말씀하셨을 때 이는 절대적이고 본질적인 무언가를 가리키는 것입니다. 이웃을 사랑하기 위해서는 자신을 사랑하는 법을 반드시 익혀야 합니다. 이때 자신을 사랑하는 것은 '나'의 기분을 좋게 하고, '나'의 욕망대로, 하고 싶은 대로 하는 것을 의미하지 않습니다. 오히려 '나' 자신을 들여다보고, 하느님이 나에게서 보시는 그 아름다움을, 나에게 새겨진 그 아름다움을 보는 것을 의미합니다. 그리고 그 아름다움 안에서 기뻐하고, 그 아름다움에 양분을 주고, 굳건하게 하고, 이를 얽매던 족쇄를 풀고 완전한 자유를 주는 것을 의미합니다. 이러한 과정 가운데 우리는 다른 모든 사람의 아름다움을 발견할 수 있게 됩니다. 모든 거리끼는 모습에도 불구하고, 모든 어려움에도 불구하고, 거부하고 싶은 모든 것에도 불구하고 말이지요.

쉬운 일은 아닙니다. 성인들만 이런 일을 할 수 있었지요.

사로프의 세라핌 성인 정도나 자신을 찾아오는 모든 이를 향해 "나의 기쁨이여!"라고 말할 수 있었습니다. 우리는 모든 이를 향해 이렇게 말하지 못합니다. 아주 가끔, 한두 명에게 비슷하게 이야기할 수는 있겠지만 말이지요. 그러나 모든 사람을 향해, 진정을 다해 그를 바라보며, "당신은 나의 기쁨입니다!"라고 말하기란 쉽지 않습니다. 프랑스의 삼위일체 엘리사벳Elizabeth of Trinity 수녀님은 이런 일기를 남긴 적이 있습니다.

> 주님, 저는 예배당에서 오랜 시간을 보낼 수는 없습니다. 사람들을 대하느라 바쁘기 때문입니다. 그러나 저는 이 사람들 한 사람 한 사람 안에 당신의 모습이 있음을 압니다. 그들과 함께 일하며 한 사람 한 사람 안에서 당신을 예배할 수 있음을 알고 있습니다.

이건 우리도 할 수 있는 일입니다. 시작만 한다면, 이렇게 결단한다면 말입니다.

> 저는 어둠과 대면할 것입니다. 저는 불완전함과 마주할 것입니다. 저를 거리끼게 하는 것들과 마주할 것입니다. 제가

온 마음으로 정죄하는 것들과 마주할 것입니다. 그러나 저는 이 모든 것 너머에 숨겨진 하느님의 형상이 있음을 믿을 것입니다.

시리아의 에프렘 성인은 어느 글에서 한 사람 한 사람의 중심에는 하느님 나라 전체가 있다고 말한 바 있습니다. 하느님은 우리 한 사람 한 사람을 창조하시며 그 안에 당신의 나라를 두셨습니다. 인생의 목적은 이 보물이 숨겨진 지점에 이를 때까지 깊이, 더 깊이 파고들어 가는 것입니다. 이는 기본적으로 우리 자신에게 해당하는 것이지만, 다른 사람과의 관계에도 해당하는 것입니다. 이렇게 할 때만, 비록 첫 삽에 불과하고 불완전하나 참된 현실로서의 공동체, 웃음거리가 아닌 공동체, 공동체라는 개념을 성취하는 공동체, 하느님께서 계시기에 '우리'보다 더 광대한 공동체인 교회가 이 땅에서 형성됩니다. 교회는 그리스도 안에, 성령 안에, 성부 안에 있는, 동시에, 그리고 동등하게 인간적이며, 또한 신적인 몸입니다. 그리고 이는 우리 안에 이미 깃들어 있습니다.

스캇 펙Scott Peck*의 『마음을 어떻게 비울 것인가』Different

---

* 스캇 펙(1936~2005)은 정신과 의사이자 저술가, 강연가다. 하버드 대학교B.A.와 케이스 웨스턴 리저브M.D.에서 공부한 뒤 10여 년간 육군 군

drum를 읽어 보셨거나, 읽고 계신 분은 이 책의 핵심이 공동체 만들기에 있음을, 공동체가 없을 때 공동체를 어떻게 만들 수 있을지에 대해 이야기하고 있음을 아실 겁니다. 그는 모든 공동체, 사람들이 만든 모든 모임은 거짓 공동체라는 생각에서 이야기를 시작합니다. 저는 여기에 제 생각을 덧붙여서 또 다른 이야기를 해보려 합니다. 제가 하는 말은 『마음을 어떻게 비울 것인가』의 내용을 있는 그대로 인용한 것이 아니라는 것을 미리 말씀드리려고 합니다. 논지는 저자의 것이며, 오류가 있다면 제 잘못입니다.

공동체는 무언가 공통점이 있다는 데서 출발합니다. 우리는 어떤 공통점이 있습니까? 하느님, 그분에 대한 신앙이 있습니다. 그러나 이 보이지 않는 것들에 대한 확신은 우리 한 사람 한 사람에게 있는 하느님의 형상까지 확장되어야 합니다. 또한, 우리에게는 우리 모두 하느님의 부르심을 받았다

의관(정신과 의사)으로 일했다. 이후 뉴밀포드 병원 정신 건강 클리닉 의료 책임자로 활동했다. 1978년 쓴 책 『아직도 가야 할 길』The Road Less Traveled은 심리학과 영성을 성공적으로 결합한 책으로 평가받으며 베스트셀러가 되었으며 이후 그리스도교로 개종하여 인간 심리와 그리스도교 신앙의 통합을 지향하는 다양한 저술을 남겼다. 한국에는 『아직도 가야 할 길』(율리시즈), 『끝나지 않은 여행』(율리시즈), 『마음을 어떻게 비울 것인가』(율리시즈), 『그리고 저 너머에』(율리시즈) 등이 소개된 바 있다.

는 공통점이 있습니다. 이 부르심은 우리가 단순히 사람들의 모임이 아닌 몸, 살아 있는 몸이 되어 한 사람이 자신을 그 몸의 지체로, 다른 사람을 몸의 다른 지체로 바라보게 합니다. 사도 바울은 말합니다.

> 한 지체가 고통을 당하면, 모든 지체가 함께 고통을 당합니다. (1고린 12:26)

육체적으로, 정신적으로 고통을 당하면 이 말이 무슨 뜻인지를 알게 됩니다. 그리고 문제는 바로 여기에 있습니다. 우리에게는 이 모든 것이 있습니다. 그런데 이를 가지고 우리는 무엇을 합니까? 왜 그런 일을 합니까? 우리는 온전한 의미의 공동체가 아닙니다. 우리는 공동체에 대한 객관적 지식만을 갖고 있을 뿐입니다. 그런 것들은 객관적으로 존재하지만, 우리 한 사람 한 사람은 이에 영향을 충분히 미치고 있지 않습니다. 우리는 온전한 공동체를 이루고 있지 않습니다.

우리는 세상을 살아가지만, 이를 우리의 영적 경험으로 통합하지 않습니다. 세상까지 갈 것 없이, 이웃과 관련해서도 마찬가지입니다. 왜 그렇습니까? 한편으로 우리는 양편 어디에도 위험이 되지 않는, 가볍고 번지르르한 관계에 익숙해

졌기 때문입니다. 우리는, 그리고 인류는 (위기와 폭력의 순간이 전혀 일어나지 않는다고는 할 수 없지만) 직설적으로 말하지 않으면, 진실을 있는 그대로 말하지 않으면, 일정한 선 안에서만 이야기하면, 뾰족한 바위들을 피해 움직이면, 그래서 서로에게 상처를 입히지 않으면 부드럽고 고통 없는 관계를 맺을 수 있다는 사실을 배웠습니다. 이러한 고통 없는 관계들은 위기 상황에 직면했다는 사실을 깨닫기 전에는 비교적 만족스럽습니다. 하지만 이 관계 방식은 그만큼 서로가 서로를 도울 수 없게 합니다. 상처를 입을 것에 대한 두려움, 까발려질 것에 대한 두려움, 알려질 것에 대한 두려움은 우리 자신을 열지 못하게 할 뿐 아니라, 다른 사람이 자신을 우리에게 열 필요도 없다고 생각하게 만듭니다. 두렵기 때문입니다. 병자를 찾아와서는, 죽음을 앞둔 사람을 찾아와서는, 혹은 언젠가는 죽게 될, 병상에 누운 이를 찾아와서는 두려움에 어쩔 줄을 몰라 하는 사람들을 너무나 자주, 수없이, 그리고 너무나 아픈 마음으로 보았습니다. 그들은 이렇게 생각하는 듯했습니다. '어떻게 해야 하지? 이 일을 어떻게 대해야 하지? 어떻게 하면 저 사람에게 상처를 주지 않고, 나도 상처받지 않으면서 이 상황을 모면할 수 있지?' 그러고는 환자에게 이렇게 이야기합니다. "괜찮으시죠?" 병상에 누운 사람은 인사를 건네는 사람의 눈빛과 머뭇거리는, 겁에 질린 어조를 알아차리고는 대답합니다. "감사합니다. 괜찮아졌어요." 거짓말입니다. 정확히 말하면 질문에 담긴 거짓에 대한 거짓된 답변입니다. 그러면 질문을 던진 사람은 두려움, 이 상황에서 벗어났다는 기쁨에 말합니다. "좀 나아지셨다니 너무 다행이에요." 그게 끝입니다. 여기에는 결코 도움을 받을 일도, 줄 일도 없습니다.

이런 기제는 세상에서 우리가 맺는 수많은 관계에서 작동하고 있습니다. 그러나 교회에서 이런 기제가 작동한다면, 그건 매우 뼈아픈 일입니다. 교회는 상호 신뢰의 장, 복음서에서 그리스도께서 가르치신 그런 사랑의 장이 되어야 하는 곳입니다. 우리 자신을 열지 못하게 하는 것이 무엇입니까? 상처받을 것 같다는 두려움, 우리가 보여주고 싶은 모습을 보여주는 대신 있는 그대로 까발려질까 하는 두려움 때문 아닌가요? 있는 그대로의 모습을 보여줄 때만, 우리는 자유롭게, 과감하게, 기쁘게 변화를 시작할 수 있습니다. 더는 숨길 것이 없기 때문입니다.

교도소에 있던 한 사람을 기억합니다. 저는 윈즈워스 교도소를 꽤 자주 방문하곤 했는데, 그곳에 있던 이들 중 한 사람이었지요. 정교회 신자였던 그분은 저에게 말했습니다.

"저의 범죄가 발각되어 체포되고 감옥에 갇혔다는 사실에 너무나 기쁩니다." 저는 이 말을 듣고 놀라 물었습니다. "무엇이 기쁘다는 것이지요?" 그러자 그는 대답했습니다. "저는 도둑질로 먹고살던 사람입니다. 저는 제가 얼마나 잘못 살고 있는지 알고 있었어요. 그러나 달라지겠다고 결심할 때마다 사람들이 저를 바라보는 의심의 시선을 느낄 수 있었습니다. '저 사람은 도대체 무슨 문제가 있길래 자기 모습을 바꾸려 하지? 우리가 알고 있는, 우리가 생각하는 그의 모습이 아닌데?' 그래서 과감한 변화를 시도할 수가 없었습니다. 저를 드러내는 것이 두려웠습니다. 그러다 들통이 났고, 붙잡혔지요. 그러자 사람들은 저를 보며 이렇게 말했습니다. "아, 저 사람은 도둑이구나. 그런 사람이었구나. 뭔가 달라지려고 노력하던데, 변화하려고 했던 것일 수 있겠구나." 그러고는 저를 배척하는 대신, 호기심을 가지고 바라보았습니다. 저는 그저 도둑이 아니었습니다. 저는 문제가 있는 도둑이었습니다." 그리고 그분은 말했습니다. "이곳에서 형기를 마칠 것입니다. 3년입니다. 그리고는 원래 있던 곳으로 돌아갈 것입니다. 그러나 이제 다른 삶을 살 것입니다. 더는 숨길 것이 없으니까요." 우리가 이렇게 할 수 있다면 우리 자신에게 커다란 도움이 될 것입니다. 전체 공동체가 아니어도 됩니다.

그럴 준비가 아직 되지 않았으니까요. 아직 충분히 성숙하지 않았으니까요. 그러나 적어도 조그만 모임 안에서, 하느님의 이름으로 두세 사람이 모여 있을 때는 그렇게 할 수 있지 않을까요? 이렇게 말할 수 없는 것일까요? "자, 보십시오. 이것이 저입니다. 저를 짊어지고 가실 수 있겠습니까?"

초대 교회의 고해 예식에는 비밀이 없었습니다. 고해는 언제나 공개적인 자리에서 이루어졌지요. 자신이, 혹은 자신의 행동이 교회에 어울리지 않는다는 생각이 드는 사람은 그리스도인들의 모임에 와서, 모든 사람이 보는 앞에서 말했습니다. "저는 이런 사람입니다. 저를 있는 그대로 받아주실 수 있습니까? 저를 짊어지고 가실 준비가 되어 있습니까? 약속은 할 수 없습니다. 그저 이 마음의 변화에 걸맞은 삶을 살 수 있도록, 속으로 뉘우칠 뿐입니다." 그러면 회중은 대답했습니다. "예, 우리는 당신을 신뢰합니다. 아무런 대가도 필요하지 않습니다. 당신을 짊어지고 가겠습니다. 넘어지거나 미끄러질 때, 언제든 돌아오십시오. 당신에 대하여 책임을 질 것을 약속합니다. 우리가 우월하기 때문이 아닙니다. 우리가 훌륭하기 때문이 아닙니다, 우리는 하나의 살아 있는 몸이며, 당신이 무너지면 우리가 모두 무너질 것이기 때문입니다. 신체 일부분이 잘린 몸은 더는 완전한 몸이 아니기 때문입니다." 매우 중요한 지점입니다. 그리스도교 세계 전체에서 광범위하게 이를 구현할 수는 없겠지만, 두세 명, 아니 다섯 명, 아니 열 명의 사이에서라면 가능할 수 있습니다. 이렇게 말할 준비만 되어 있다면 말입니다. "저기, 사실 당신을 평생 미워했습니다." "저기, 사실 이건 우리가 만난 이후 계속 숨겨오던 사실입니다. 저를 도와주실 수 있겠습니까?"

러시아 그리스도교 학생 운동 대회에서 알렉산드르 엘차니코프Alexander Elchanikov 신부님께 고해를 하러 왔던 한 사람에 관한 이야기를 들려드리겠습니다. 그는 1차 세계대전과 러시아 내전에서 장교로 복무했던 군인이었습니다. 이미 마음이 너무나 굳어져 있던 그는 신부님께 말했습니다. "모든 죄를 고백합니다. 그러나 미안함을 느끼지는 않습니다. 제 마음은 돌과 같습니다. 제가 저지른 일들의 목록을 가지고 오겠습니다. 머리로는 잘못된 일이라고 생각하지만, 그게 제가 할 수 있는 전부입니다." 그러자 알렉산드르 신부님이 말했습니다. "아니요. 그렇게 하지 마십시오. 아무런 쓸모가 없을 겁니다. 당신의 마음이 부서지지 않고는, 마음이 녹지 않고는, 고해는 아무런 열매를 맺지 못할 것이기 때문입니다. 무엇을 해야 할지 알려드리겠습니다. 대회에 온 모든 사람이 예배하러 모일 것입니다. 예배를 시작하기 전, 앞으로 나와 자리에 모인 사람 전체 앞에서 죄를 고백하십시오. 그것이 당신의 구원입니다." 그 사람은 도전에 응했습니다. 전례가 시작되기 전, 그는 앞으로 나왔습니다. 그리고 자신이 무얼 하려 하는지 이야기했습니다. 그리고 입을 열었습니다. 그는 사람들이 겁에 질려 움츠러들고, 역겨워하며 외면하고, 차가운 시선으로 바라볼 것이라고 생각했습니다. 그러나 그가 본 것은 할 수 있는 가장 따뜻하고 연민 어린 눈길로, 진실함과 자신의 구원을 위하여 진실을 이야기하는 그의 모습을 경탄 가득한 눈길로 바라보는 사람들의 모습이었습니다. 이렇듯 사람들이 마음을 여는 모습을 보며, 자신을 존중하고 자신의 이야기에 경청하는 모습을 보며, 경외심을 가지고 바라보는 것을 보며, 그는 울음을 터뜨렸습니다. 그렇게 그는 자신의 죄를 진심으로 고백할 수 있었습니다. 그의 마음이 녹아내렸습니다.

우리 가운데서도 이러한 일이 일어날 수 있습니다. 현실적으로 커다란 교회에서는 일어나기 힘들겠지요. 그러나 다시 한번 말씀드립니다. 우리는 이를 한 사람과 함께, 한 사람에게 할 수 있습니다. 작은 모임에서라면 가능합니다. 서로에게 영혼을 쏟아부을 수 있는 특별한 집단이 필요하다는 말이 아닙니다. 우리에게는 언제든 이러한 일이 일어날 가능성이 있어야 합니다. 그때만이 거짓 공동체, 현실 속 공동체, 서로를 향해, 그리고 자기 자신을 향해 방어벽을 세워 놓기 급급한 우리 공동체는 참된 공동체를 향한 첫걸음을 내디딜 수 있습니다. 우리가 우리 자신을 보호하기 위해 방어벽을 칠 때 무슨 일이 일어나는지 아십니까? 산호와 같은 일이 일어납니다. 바다에 사는 아주 연약한 유기체인 산호는 너무나 연약하기에 자신을 지키기 위해 껍데기를 형성합니다. 우리가 아는 그 아름다운 산호 껍데기가 그것이지요. 그 안에서 산호는 안전합니다. 그런데 얼마 지나지 않아 산호는 죽고 맙니다. 산호에게 진실로 필요한 것은 계속 자신에게 먹이를 제공하는 물이기 때문입니다. 물은 산호에게 먹이를 제공하고, 서식지를 제공합니다. 물론 동시에 물은 위험으로 가득합니다. 죽음의 가능성으로 가득 차 있습니다. 그래서 산호는 자신을 보호하는 길을 택하지만, 바로 그 보호 때문에 죽음을 맞이합니다. 이러한 일이 우리 모두에게 어느 정도 일어나고 있습니다. 이에 맞서, 약해지는 것을 받아들여야 합니다. 심판과 구원이 동시에 있음을 받아들여야 합니다. 서로를 받아들여야 합니다. 사도 바울은 말했습니다.

그리스도께서 ... 여러분을 받아들이신 것과 같이, 여러분도

서로 받아들이십시오. (로마 15:7)

그리스도께서 우리를 어떻게 받아들이십니까? 그분은 우리를 있는 그대로, 조건 없이 받아들이십니다. 우리가 그분께 나아가면, 그분은 우리를 받아들이십니다. 우리가 그분께 나아가지 않는다면 그분이 우리에게 오십니다. 왜 자신이 없냐고 말씀하시는 대신, 우리가 그분께 말할 수 있겠다는 마음이 들 때까지, 그저 우리 곁에 계십니다. 우리 자신을 여는 것은 곧 우리 자신의 취약함을 받아들이는 것, 우리 자신을 취약하게 만드는 것과 같은 의미입니다. 그리고 이는 오직 우리가 완전함에, 온전함에 이르기를 원할 때, 갈망할 때만 가능합니다. 우리는 아름다운 산호 덩어리가 될 수 있습니다. 사람들은 이를 보고 "이 얼마나 아름다운 산호의 숲인가!"라고 감탄할지도 모르지요. 그러나 이는 사실상 죽은 상태입니다. 겉면만 보는 사람들은, 이를 보고 죽었다고 말하지 못할 것입니다. 이는 모든 인간 공동체가 갖고 있는 문제지만, 교회에는 더더욱 중요한, 절대적인 도전과도 같은 문제입니다. 이를 이루려 애쓰지 않는 한, 우리는 개인의 차원에서나 집단의 차원에서나 교회가 되는 데 실패할 수밖에 없습니다. 이와 관련해 가장 실패한 사람, 가장 형편없는 사람은 바로 저입니다. 저는 천성이 외톨이이기 때문입니다. 게다가 저는 제 직무를 수행하기 위해 홀로 있도록 훈련해 왔습니다. 저도 저의 이러한 상태를 잘 알고 있습니다. 하지만 멈춰선 안 됩니다.

이 지점에서 이야기를 마무리하려고 합니다. 오늘 이야기를 돌아보시고, 생각해 보시기 바랍니다. 다음 시간에는 이 물음을 더 깊이 다루어 보겠습니다. 어떻게 우리가 조화로워 보이고, 허울만 좋고, 예의 바른 거짓 공동체로부터 참된 공동체가 될 수 있을지, 그리하여 공동의 생명을, 참된 인간의 생명을, 하느님의 생명을 우리 안에 간직할 수 있을지 생각해 보도록 하겠습니다.

삼위일체가 사회가 지향해야 할 완전한 상입니다. 세 위격은 서로 연결되어 있으면서 서로 침해하지 않고, 서로 받아들입니다. 공동체의 시금석은 바로 이것, 서로 받아들이는 것입니다. 우리는 서로 받아들이는 일을 받아들일 수 있습니까?

IX

이상을 현실로

1990년 6월 28일

교회교와 그리스도교라는 주제로 준비한 강연 마지막 시간입니다. 이 강연을 통해 저는 그리스도에 의해서, 그리스도 안에서, 그리스도를 통해 우리가 받은 이상, 성인들의 삶을 통해 바라볼 수 있는 그 이상과 우리가 살아가는 방식을 대조하려 했습니다. 모두가 성인이 될 수는 없습니다. 영적으로 위대했던 인물들의 거룩함에 모두가 도달할 수는 없습니다. 그러나 그리스도께서는 말씀하셨습니다.

내가 너희에게 한 것과 같이 너희도 이렇게 하라고 내가 본을 보여 준 것이다. (요한 13:15)

우리는 상상할 수 있습니다. 우리가 그리스도에 합당한 모습이 될 것이라고 마음에 그려 볼 수는 있습니다. 그러나 우리는 집단으로든, 개인으로든 주님이 우리에게 보여주신 이상에 따라 살지 못합니다. 우리가 약하고 불완전해서가 아닙니다. 잘못된 선택을 했기 때문입니다. 우리의 영광에 미치지 못하는 수준을 지향했기 때문입니다. 교회라는 말에 포함된 의미에 미치지 못하는 공동체를 만들고자 했기 때문입니다.

이것이 바로 우리가 선포하는 이상과 우리의 현실이 무엇이 다른지를 그토록 강조한 이유입니다. 이상을 알고 있다는 것은 좋은 일입니다. 그리고 그 이상을 힘닿는 한 완전하게, 가능한 한 최고의 완전함과 온전함, 아름다움으로 선포하는 것도 좋은 일입니다. 그러나 여기서 더 나아가야 합니다. 우리 손에 달린 일은 모두 해야 합니다. 이상을 달성하는 일은 언제나 많은 대가를 요구합니다. "나를 따르려는 사람은, 자기를 버리고, 스스로에게서 돌아서야 한다. 자기 안의 이기적인 관심을 잊어버려야 한다. 자기 너머를 바라보아야 한다. 하느님을 향해 눈길을 돌려야 한다. 나를 바라보아야 한다"고 그리스도께서 말씀하신 이유가 있습니다. 우리 주님께 충직했던 사람들을, 자신의 십자가를 지고는 성육신하신 하느님의 발자국을 한 걸음 한 걸음 따라 걸어갔던 사람들을 바라보아야 합니다. 같은 맥락에서 우리 주위에 있는 사람들을 새로운 눈길로 바라봅시다. 선과 악을 분별할 수 있는 눈으로 바라봅시다. 그리하여 함께 만들어 나갑시다. 더 살 만한 공동체, 과거에 인류가 시도했던 공동체보다 더 살 만한 공동체, 어쩌면 영원함이 깃든 공동체, 만들어지는 과정 안에 있는 공동체, 때로 혼란스럽더라도 온전함을 품은 공동체, 그런 사회를 만들어 나갑시다. 언젠가 니체Friedrich Nietzsche는 말했습니다.

춤추는 별을 낳으려면 인간은 자신 속에 혼돈을 간직하고 있어야 한다.

개인에게만 해당하는 말이 아닙니다. 어쩌면 개인보다 집단에, 사회에, 모임에 더 해당하는 말입니다.

지난 시간 저는 우리가 거짓 공동체라고 이야기했습니다. 모든 공동체는 정도의 차이는 있으나 서로 모두가 상처를 입지 않도록 최선을 다하고, 그렇게 자기 자신을 닫아버리는 곳이라는 점에서 거짓 공동체입니다. 좋든 싫든 우리는 자신에게, 서로에게 '나'를 노출하지 않습니다. 그래서 우리는 온전한 의미에서 교류하지 못합니다. 우리는 우리 자신을 철저하게 방어합니다. 마치 갑각류처럼 단단한 껍데기를 형성합니다. 속은 극도로 연약하지만, 바깥에서는 보이지 않습니다. 이뿐만이 아닙니다. 거짓 공동체에서는 만인이 서로에 맞서 방어벽을 칩니다. 자신이 선택하는 방식으로만 자신을 알립니다. 모든 관계가 부드럽게 이루어질 수 있는 방안을 모두가 궁리하고 있는 곳, 그런 곳은 공동체가 아닙니다.

그리스도의 일혼 제자 중 하나라고 전해지는 헤르마스 Hermas 성인의 글에는 이런 환상이 기록되어 있습니다. 성인은 천사들이 하느님의 도성, 새 예루살렘을 건설하는 모습을 보았습니다. 천사들은 날카롭고 모난 정사각형 돌들을 골라 나란히 놓고 접합해 굳혔습니다. 어떤 돌들은 너무나 아름다운 재질로 되어 있었습니다. 형태도 모나지 않고 둥글둥글했습니다. 그러나 천사들은 이 돌들을 사용하지 않았습니다. 천상 도성 예루살렘 성벽을 짓는 데 사용할 수 있는 것은 서로 아귀가 맞아 접합할 수 있는 돌들이었기 때문입니다. 우리가 만들려는 공동체의 모습은 어떻습니까? 사회의 모습은 어떻습니까? 바깥으로부터 우리가 안전하게 숨어 있을 수 있는 공동체, 모나지 않은, 그렇기에 다른 돌과 아귀가 맞지 않는 그런 돌과 같은 사람들로 이루어진 공동체는 아닙니까? 그런 사회를 구축하려 하지 않습니까? 그렇다면 필요한 것은 그 둥글둥글함, 매끈함을 깨고 새로운 형태를 만들 수 있는 망치입니다. 그러나 이는 문제의 한 단면에 지나지 않습니다. 또 다른 측면이 있습니다. 우리 누구도 전적인 고독을 견뎌낼 수 없습니다. 어떤 사람도 자신의 문을 완벽하게 걸어 잠근 채 마냥 있을 수 없습니다. 결국, 우리가 다른 사람에게 보일까 두려워하는 것들, 그래서 방어벽을 치고 숨어버리는 모습은 다른 사람의 눈에도 보이게 됩니다. 그리하여 의심이 싹트고, 공포가 자라납니다. 서로를 싫어하고 증오하기 시작합니다. 탈출구가 필요합니다. 참된 탈출구에 관해, 그리스도께서는 복음서에서 이렇게 말씀하십니다.

> 형제에게 불만이 있다면, 그에게 가서 이야기하라. 듣지 않거든, 증인 두세 사람 앞에서 말하여라. 그럼에도 그가 네 말에 귀를 기울이지 않거든, 공동체 전체에 이야기하라. 그때도 들으려고 하지 않거든, 그때만, 오직 그때만 그 사람을 모르는 사람처럼 여겨야 할 것이다. (마태 18:15~17 참조)

이것이 바로 우리가 우리의 공포를, 우리의 의심을, 우리의 못마땅함을, 우리의 증오를 돌파하는 방법입니다. 그러나 거짓 공동체는 이렇게 하기보다는 다른 방식으로 이러한 다양한 감정을 떨쳐버리게 합니다. 험담과 비난과 같은 것들 말이지요. 이런 것들이야말로 가장 나쁩니다. 어떤 사람에게 불만이나 반감, 증오를 품고 있지만, 이 사람과 일대일로 이야기하는 대신, 증인을 데려와 이야기하는 대신. 사람들은 뒤에서 수군대며 비방의 말을 퍼뜨립니다. 그리고 공동체는 갈라집니다. 모두가 모두에게 할 말이 있기에, 누군가에게 불만을 품은 사람들 주위에는 마찬가지의 불만을 품은 사람들이 모여듭니다. 그리고 여기서 어쩌면 더 어처구니없는 연기가 시작됩니다. 비방에 경건이라는 가면을 씌우고 "경건한" 행세를 합니다. 한 사람이 다른 사람에게 말합니다. "나는 자네가 얼마나 이 사람을 사랑하고, 얼마나 이 사람을 존경하는지 잘 아네. 그런데 나는 그에게서 무언가 나쁜 점을 찾아냈네. 그러니 자네가 이 사람을 위해 기도했으면 좋겠네." 그리고는 무엇이 나쁜지 주저리주저리 열거하기 시작합니다. 머리와 마음에 담아둔 모든 이야기를 쏟아냅니다. 경건, 형제애의 가면을 쓴, 공동체의 가면을 쓴 "자비"의 문으로 온갖 악이 쏟아져 들어옵니다.

수도원의 수사가 랍비와 나눈 이야기 기억나시는지요. 죽어가던 작은 수도 공동체, 그리고 공동체에 관한 근심을 털어놓던 수사에게 랍비가 이런 말을 해주었습니다. "제가 말할 수 있는 건 단 하나, 여러분 중 한 사람이 메시아라는 겁니다." 이 수사는 돌아가 자신이 들은 바를 동료 수사들에게 고했고, 그들은 자기 자신에게 묻기 시작했습니다. '이 형제, 나의 형제가, 내가 알아보지 못하는 메시아인가?' 이윽고 수사들은 서로를 새로운 눈으로 바라보기 시작했고, 서로가 메시아일 수 있다고 여기며 서로를 대했습니다. 그리고 그들 자신도, 자기 자신이 메시아인 것처럼, 새로운 방식으로 행동했습니다. 그러자 모든 상황이 변화했습니다. 이전에 없던 관계가 그들 가운데 자라났습니다. 자신에게서, 서로에게서 결점을 보지 못한 것은 아닙니다. 그러나 그들은 이렇게 생각했습니다. '명백히 보이는 모든 문제에도, 모든 결함에도 불구하고, 여기 이 형제는 하느님이 기름 부으신 분일 수 있다. 나의 영혼을 구원하신 그분일 수 있다.'

우리가 서로를 이런 마음으로 바라볼 수 있다면 얼마나 좋겠습니까? 물론 우리가 같이 있지 않을 때는, 그저 이론적으로 우리 각자가 하느님의 형상으로 창조되었다고 알고 있을 때는, 모든 사람의 영혼 깊은 곳에 하느님의 형상이 새겨져 있음을 머리로만 알고 있을 때는, 내가 이를 보지 못한다면 이는 부분적으로 왜곡되었고, 부분적으로 훼손되었고, 부분적으로 감추어졌기 때문이라고 이론적으로 알고 있을 때는 그렇게 할 수 있습니다. 보이지 않아서 그렇지, 실제로는 있다고 믿을 수는 있습니다. 마찬가지로 '나'에게도 하느님의 형상이 있다고 믿을 수 있습니다. 어려운 일도 아닙니다. 이론적으로 그렇게 하기는 쉽습니다. 하지만 이론에서 더 나아가 우리가 실제로 해야 하는 일, 능동적으로 해야 하는 일이 있습니다. 머리로 안다고 해서 우리가 실제로 그리스도를 대하듯 서로를 대할 수 있는 건 아닙니다. 그런 방식은 머리로 익힐 수 없습니다.

몹시 망가지고 훼손된 성화를 얻었다고 합시다. 어떻게 하시겠습니까? 아마도 깊은 공손함으로, 측은한 마음으로 양손에 받아 들 것입니다. 훼손된 모습을 끔찍하게 여기면서도, 성화에 남아 있는 그리스도의 거룩한 얼굴을 공경할 것입니다. 우리도 서로에게 이런 일을 할 수 있는 순간이 있습니다. 하느님께서 주시는 기이한 평안, 다른 것이 줄 수 없는 평안을 누리는 순간이 있습니다. 그 순간 우리는 우리 자신을 잊고 다른 사람을 볼 수 있게 됩니다. 상대의 상처와 아름다움을, 조금이나마 그에게 남은 영광과 어둠을 모두 볼 수 있게 됩니다. 그때 우리는 어둠을 판단하고 정죄하고 증오하는 대신, 깊은 동정심을, 연민을, 측은함을 느끼게 됩니다. 저는 이것이 고해를 듣는 모든 사제에게 일어나는 일이라고 생각합니다. 다른 사람에게 마음을 열었을 때, 추함 외에도 고통이, 아픔이, 근심이 있음을 발견했을 때, 한 사람이 살아가며 처한 상황에 관한 근심이 아닌, 있는 그대로의 우리 존재에 고통이 있음을, 나의 존재에 고통이 있음을 발견할 때 일어나는 일입니다.

우리가 서로를 바라보며, 어둠 안에 깜빡이는 빛이 있음을 깨달을 수 있다면, 어둠에 빠져든 사람이 애절하게 외치고 있음을 깨달을 수 있다면, 이 깜빡이는 빛이 확장되기를, 어둠 안으로 퍼져 어둠을 몰아내기를 갈망하고 있음을 깨달을 수 있다면, 우리는 눈에 보이는 어둠보다 보이지 않는 고통의 외침을 더 크게 들을 수 있을 것입니다. 누군가의 악한 모습은 그 사람에게도 고통이 된다는 사실을 깨달을 수만 있다면 말입니다. 어쩌면 그 고통이란 우리가 그 사람에게서 보고 싶어 하는 그런 고통, 회개, 상한 마음, 겸손의 고통이라기보다는 악에서 어떻게 빠져나올지 몰라 허우적대는 이의 아픔과 고통, 고뇌일 것입니다. 우리가 진실로 보고자 한다면 조금 더 잘 볼 수 있습니다. 그러나 우리는 이를 보려 하지 않습니다. 이것이 교회교가 그리스도교를 압도하는 이유입니다. 우리 안 이교도의 목소리는 우리 안 그리스도의 목소리보다 큽니다.

우리는 두 측면을 모두 볼 수 있어야 합니다. 주님께서는 심판하지 말라고 하셨습니다. 그러나 문제를 헤아리지도 말라고 하시지는 않았습니다. 선과 악을, 빛과 어둠을, 진실과 거짓을, 이런 것들을 혼동하라고 하시지 않았습니다. 사도 바울의 말을 인용하자면, 우리는 영의 활동을 가려내는 법을 배우도록 부름받았습니다. 상황을 눈에 보이는 대로의 모습, 생긴 그대로의 모습이 아닌, 하느님의 눈으로 바라보도록 부름받았습니다(1고린 2:12~14 참조). 이는 구약성경의 독특한 특징이기도 합니다. 인류의 역사이긴 한데, 역사가의 눈으로 쓴 것이 아닙니다. 인간 관찰자나 학자의 시각에서 쓴 것이 아닙니다. 이것은 하느님의 눈으로 본 인간의 역사입니다. 당혹스러운 구절들이 있습니다. 이러이러한 왕이 살았고, 26년을 다스렸습니다. 그 시대에 유대인은 산당에서 예배하기 시작했고, 하느님의 징벌이 내렸습니다. 누가 이렇게 사건을 배열한단 말입니까? 26년의 치세 동안 언급할 만한 것이, 유대인들이 예배를 드린 장소와 같이 사소한 것밖에 없다는 말입니까? 징벌은 또 왜 내렸습니까? 26년 사이에 유대인들이 이교도의 관습을 따라 산마루에서 예배를 드리기 시작했고, 왕은 그들이 참 신앙을 버리고 이교 신앙으로 돌아서도록 내버려두었기 때문이었습니다. 그게 전부입니다.

이 시선과 같은 시선으로 우리가 서로를, 우리 자신을 바라볼 수 있다면 어떻겠습니까? 우리가 할 수 있는 만큼, 할 수 있는 최대한 서로를 하느님의 눈으로 바라볼 수 있다면, 그리고 악이 있는 곳에서 악을 분별할 수 있다면, 거짓 사랑과 거짓 그리스도교의 이름으로 눈을 가리지 않고 악을 선이라고 하지 않을 수 있다면, 반면 악을 누군가에게 상처를 입힐 수 있는 가장 큰 불행으로 바라볼 수 있다면, 누군가에게 닥칠 수 있는 가장 큰 불행으로 바라볼 수 있다면, 그리하여 죄를 짓는 것보다, 어떤 방식으로든 악하게 되는 것보다 더 큰 비극은 없다는 사실을 깨달을 수 있다면, 그때 우리는 악을 자비와 연민의 눈길로 바라볼 수 있을 것입니다. 누군가를 배척하기보다는 도와주려는 열망으로 악을 볼 수 있을 것입니다. 우리의 임무는 도와주고 치유하는 것이지, 예루살렘에서 예리고로 가다 강도를 만난 이를 지나쳐 갔던 레위인이나 사제와 같이 외면하는 것이 아니라는 사실을 알게 될 것입니다.

그리스도인으로서 살아가려 할 때도 두 가지 측면을 고려해야 합니다. 한편으로 우리는 우리 자신을 열 준비가 되어 있어야 합니다. 다른 사람에게 보일 준비를 해야 합니다. 이것은 매우 두려운 일일 수 있습니다. 사람들 앞에서 우리가 살면서 행했던 못난 일이나 악한 행동들이 드러나는 것에 관한 두려움이 아닙니다. 우리 얼굴의 추함, 즉 우리에게 있는 하느님의 형상이 왜곡된 정도를 넘어 희화화되어 버린 모습이 드러나는 것이야말로 실로 두려운 일입니다. 또 다른 한편, 우리는 우리 자신에게서, 상대에게서 이를 바라보고 받아들일 준비를 해야 합니다. 보는 과정에서, 보이는 과정에서 깊은 상처를 감내할 준비를 해야 합니다. 우리는 그럴 준비가 되어 있습니까? 이 모든 복잡한 감정에 대한 준비가 되어 있을 때만, 우리는 점차 서로를 향해 돌파해 나갈 수 있습니다. 돌파하여 서로를 경외감으로, 두려움으로, 자비로, 부끄러움과 연민의 눈물로 만날 수 있습니다. 우리는 얼마나 이를 해낼 수 있습니까? 이를 얼마나 원하고 있습니까? 얼마나 준비되어 있습니까? 바로 이것이 우리 자신에게 던져야 하는 질문입니다. 서로를 신뢰하는 작은 공동체 안에서는 이따금 이런 일이 일어날 수 있습니다. 가족이 될 수도 있고, 가까운 친구 집단이 될 수도 있습니다. 서로를 신뢰할 수 있을 정도로 성장한 사람들의 집단이라면 어떤 형태에서든 가능합니다. 서로를 신뢰하여 상대방에게 "저기, 제가 누구인지 이야기해 드리겠습니다. 저는 당신이 생각하는 그런 사람이 아닙니다"라고 말할 수 있는 사람들, 공포와 아픔의 상처, 환멸에 맞서 자신을 열며, 동시에 깊은 감사의 마음을 품을 수 있는 그런 사람들의 집단이라면 가능합니다. 이는 자기 자신이라는 감옥에서, 또한 악의 위협이라는 감옥에서 자유로울 때만, 모든 구속에서 풀려날 때만, 해방될 때만 가능한 일이기 때문입니다.

우리 공동체와 같은, 더 큰 규모의 공동체에서는 어려운 일입니다. 너무나도 슬픈 일입니다. 다른 사람을 신뢰하는 일은 기본적으로 어렵습니다. 우리 모두 측은한 마음을 품고, 상한 마음을 품고, 존경심을 다해, 기도로써, 구원을 위해 다른 사람의 짐을 질 마음으로 누군가의 고백을 들을 것이라고 믿기는 어렵습니다. 모든 사람이 선한 목자가 어린 양을 어깨에 메듯, 다른 사람을 짊어질 것이라고, 우리를 구원하신 주님께서 십자가를 지셨듯 다른 사람을 자신의 십자가로 질 것이라고 믿기 어렵습니다. 그러나 주님은 완벽함을 요구하시지 않습니다. 키레네 사람 시몬은 그리스도를 도와 십자가를 지고 걸었습니다. 그러나 마지막에 십자가를 지고 갈보리로 가신 분은 그리스도였습니다. 그리고 그곳에서 그리스도께서는 십자가에 달려 죽으셨습니다. 키레네 시몬이 했던 일은 우리도 할 수 있습니다. 홀로 이를 해야 한다고 생각하면 두려울 수 있습니다. 그러나 우리는 혼자가 아닙니다.

북아프리카에서 순교한 두 인물, 페르페투아Perpetua와 펠리키타스Felicity에 관한 이야기가 있습니다. 두 사람이 붙잡혀 옥에 갇혔을 때, 펠리키타스는 홑몸이 아니었습니다. 출산일이 다가오자, 진통에 그녀는 울부짖었습니다. 그러자 간수는 비웃으며 말했습니다. "출산처럼 자연스러운 일에도 이처럼 난리를 치는데, 경기장에서 맹수들에게 물어뜯기면 어쩌시려나?" 그러자 성인은 대답했습니다. "나는 자연스러운 고통을 겪고 있습니다. 그러나 내가 경기장에 설 때, 그리스도께서 내 안에 계실 것입니다." 실제로 성인은 고요함 속에 순교의 영광을 맞이했습니다. "나에게 능력을 주시는 그리스도의 권능 안에서, 나는 모든 것을 할 수 있습니다"(필립 4:13)라는 사도 바울의 말이 성인을 통해 이루어진 것입니다.

우리는 더 넓은 공동체 안에서 참된 공동체의 세포를 만들어 나갈 수 있습니다. 이미 친밀한 관계에 있는 사람들끼리만 모이는 것이 아니라, 우리가 어렵게 생각하는 이들이 포함된 공동체 말이지요. 적어도 우리가 짊어질 수 없는 사람이 아니라, 우리가 짐을 들어주고자 시도할 수 있겠다고 느끼는 사람들, 판단하는 일을 멈춘 채 우리 자신을 열고, 다른 사람도 자신을 열게 할 수 있을 것 같은 사람들, 그런 사람들에게 다가갈 수 있습니다. 상황이 너무 어렵고 두려움이

밀려들어 온다면 이렇게 말할 수 있습니다. "이제 그만합시다. 더는 못하겠습니다. 지금까지 당신이 저에게 보여준 것을 간직하며 살아가겠습니다. 이를 마음에 품고 기도하겠습니다. 여기서 더 나아가면 어려울 수 있습니다. 하지만 당신에 대해 알게 된 부분을 기억하며 받아들이도록 애쓰겠습니다." 이는 상대에게도 마찬가지로 적용될 수 있습니다. "할 수 있는 만큼 다 이야기하겠습니다. 하지만 전부 이야기하지는 못하겠습니다. 여전히 두렵기 때문입니다. 당신이 두렵고, 거부할까 두렵습니다. 이야기하지 않았더라면 아무도 관심을 보이지 않았을 텐데, 괜히 이야기했다 어색해질까, 더 외로워질까, 경멸과 증오를 살까 두렵습니다." 결코 쉬운 일은 아닙니다. 어려운 과정임이 분명합니다.

하지만 우리에게는 이상이 있습니다. 언젠가 잔더Zander 교수는 『삼위일체 교리의 사회적 함의』The Social Implications of the Doctrine of the Holy Trinity라는 얇은 책을 통해 그리스도교의 이상을 정의한 바 있습니다. 바로 삼위일체이지요. 이 삼위일체야말로 사회가 지향해야 할 완전한 상이라고 그는 말합니다. 세 위격은 서로 연결되어 있으면서 서로 침해하지 않고, 서로 받아들입니다. 공동체의 시금석은 바로 이것, 서로 받아들이는 것입니다. 우리는 서로 받아들이는 일을 받아들일 수 있습니까?

　강연을 마치며, 결론을 대신해 몇 마디 말씀드리도록 하겠습니다. 이 강연에서 저는 교회 생활을 하는 가운데 우리가 마땅히 해야 할, 교회에서 이루어져야 할 여러 측면을 다루었습니다. 하지만 오늘날 교회에서 우리가 빚어내는 삶은 넘치는 아름다움과 생명을 표현하기보다는, 구성원들이 그 안에서 자족하는 수준에 머물러 있습니다. 우리에게 계시된 거룩한 아름다움은 그저 심미적 아름다움이 되어버리고, 삶의 계명이 되어야 할 삶의 규칙, 삶을 살아내기 위한 규칙들은 생명을 죽이는 것이 되어버렸습니다. 공동체들은 하나같이 무르기만 합니다. 서로에 대한 수용도 거부도 없기에, 오직 서로에 맞서 자신을 지키기 위해 너 나 할 것 없이 방어벽을 세우는 일에만 급급하기 때문입니다. 방어벽 세우는 일을 멈추고 삼위일체 하느님을 바라보십시오. 나지안주스의 그레고리우스Gregory of Nazianzus 성인의 이야기를 기억하십시오. 하느님이 세 위격인 이유는 오직 세 위격만이 완전한 사랑의 형상(하나됨과 자신의 생명을 내려놓을 완전한 준비가 된 형상, 경탄스러운 형상)이 될 수 있기 때문입니다. 십자가와 부활은 함께하기에 십자가는 패배의 도구가 아닙니다. 십자가가 승리의 표지가 되는 순간이 옵니다.

그러므로 저는 저 자신에게, 여러분 모두에게 이렇게 제안합니다. 일단 해봅시다. 성공하지 못하더라도 좋습니다. 적어도 공동체로 자라날 수 있는 이런 종류의 관계를 만들어보는 시도를 해봅시다. 두세 명의 작은 모임에서 시작하는 것입니다. 작은 중심에서 시작해 멀어짐의 장벽, 거부의 장벽, 두려움의 장벽, 증오의 장벽, 무관심의 장벽이 녹아내리고 무너지는 일이 일어난다면, 얼마나 아름답겠습니까? 약해도 괜찮고, 따라서 두려워할 필요가 없다면, 우리 자신을 열 수 있고, 진리 안에서 받고, 진리 안에서 줄 수 있다면, 이얼마나 아름답겠습니까? 교회를 유기체로, 인간적인 동시에 마찬가지로 신적인 유기체로 여긴다면, 그 안에 하느님의 충만함이 머물고 인간적인 모든 것이 만들어지는 과정에 있는 유기체로 여긴다면 어떻겠습니까? 우리 자신을 한 몸의 지체로 여긴다면, 그래서 전체의 운명이 각각의 운명에 달려 있다고 여긴다면 어떻겠습니까? 다른 사람 없이는 나도 구원받을 수 없다는 사실을 깨닫는다면 어떻겠습니까? 우리 공동체는 더할 나위 없이 창조적인 곳으로 거듭나지 않겠습니까?

이것이 제가 이야기하고 싶었던 전부입니다. 이제 마칠 시간이 된 것 같습니다. 잠시 침묵하고 기도합시다.

주님, 주님께 무엇을 구해야 할지 알지 못합니다. 주님께서는 저 자신보다 더 저를 더 사랑하십니다. 저는 저 자신조차 어떻게 사랑해야 하는지 알지 못하기 때문입니다. 구하오니, 제가 보지 못하는, 저에게 가장 필요한 것을 보게 하소서. 십자가를 구할 자격도, 위로를 구할 자격도 없는 저는 다만 주님만을 바라봅니다. 주님 앞에 제 마음을 활짝 여니, 주님의 크신 자비로 도와주소서. 저를 치시고 치유하소서. 저를 내던지시고 다시 일으키소서. 고요함 속에 주님의 뜻을 경배합니다. 감히 헤아릴 수도 없는 주님의 길을 찬양합니다. 주님 앞에 저를 희생 제물로 바칩니다. 주님께 모든 신뢰를 겁니다. 주님의 뜻을 이루는 것 외에는 아무것도 바라지 않습니다. 기도하는 법을 가르쳐 주소서. 저의 입술로 주님께서 기도하소서.

주님, 우리가 말과 행실과 생각으로 낮과 밤에, 고의로, 혹은 실수로 저지른 모든 잘못을 사하시고 용서하소서. 주님께서는 자비로우시고 인류를 사랑하십니다. 주님, 우리를 미워하고 우리에게 나쁜 일을 하는 이들을 용서하소서. 선한 일을 하는 이들에게 선하게 대해 주소서. 구원과 영원한 생명을 바라보며 기도하는 형제자매의 간구를 들어주소서.

병든 자를 찾으시고 치유하소서. 바다에 있는 자들을 지켜 주소서. 여행하는 이들의 길벗이 되어 주소서. 옥중에 있는 자들을 자비로운 눈길로 대하소서. 세계의 지도자들을 도우시고 그들을 올바른 길로 인도하소서. 우리를 돕고, 우리를 따뜻한 마음으로 대하는 이들에게 자비를 베푸시어, 그들의 잘못을 용서하소서. 우리를 비난하는 이들을 위하여 감히 청하오니, 그들에게 주님의 커다란 자비를 베푸소서.

별세한 선조들과 형제자매들을 기억하시고 그들에게 주님의 밝은 얼굴을 비추시어 안식을 얻게 하소서. 주님의 거룩한 교회 안에서 열매를 맺게 하고 선한 일을 하는 이들을 기억하시어, 영원한 생명의 선함으로 구하는 모든 간구를 들어주소서. 외롭고, 죄 많고, 가치 없는 종인 우리를 기억하시고, 자비하신 성모와 모든 성인의 기도를 통해 주님 계명의 길로 인도하소서. 주님께서는 영원토록 복되십니다. 아멘.

지극히 영광스러우신 우리 하느님 그리스도의 성모여, 우리의 기도를 당신의 아드님과 하느님께 전구하시어 우리의 영혼이 구원을 얻게 하소서.

나의 소망이신 성부, 나의 피난처이신 성자, 나의 보호자이신 성령, 성 삼위일체 하느님께 영광이 있나이다. 아멘.

안토니 블룸에 관하여

– 하느님이자 인간이신 그리스도

로완 윌리엄스Rowan Williams

우리 시대의 가장 위대한 그리스도교 신앙의 스승을 기념하는 이 자리에 참석하게 되어 매우 기쁩니다. 그리고 큰 영광입니다. 이 자리에서 저는 하느님이자 인간이신 그리스도를 안토니 대주교가 어떻게 가르쳤는지에 대해 이야기하려 합니다. 이상하게 들릴지 모르지만, 안토니 대주교가 러시아 정교회 신자라는 사실을 우리는 새삼 기억할 필요가 있습니다. 즉, 그의 신학은 고전적인 정교회 신학과 이에 대한 러시아 정교회의 독특한 해석 전통에 의해 형성되었습니다. 저는 안토니 대주교가 그리스도의 인격에 대해 이야기할 때 이러한 특징이 분명하게 드러난다고 생각합니다. 따라서 그가 성육신의 신비를 어떻게 설명하는지를 살펴보면 우리는 그가 누구였으며, 그의 영적 삶이 어디서 자양분을 얻었는지에 관해 많은 것을 배울 수 있습니다. 또한, 이를 통해 우리는 그리스도인으로서 그리스도를 참 하느님이자 참 인간으로 고백하는 것이 어떤 의미가 있었으며, 또 있는지를, 이 고백이 우리의 생각뿐만 아니라 우리의 기도와 예배를 형성한다는 점을 배울 수 있다고 저는 생각합니다. 그리스도 교리에 관한 안토니 대주교의 가장 체계적인 진술은 1983년에 그가 한 강연에서 찾을 수 있으며 2013년 11월 「메신저」The Messenger에 게재되었습니다. 이 강연에서 대주교는 큰 틀에서는 칼케돈 공의회에서 결정된 교리인 그리스도에 관한 고전적인 정통 교리를 간단히 설명하지만, 성육신 교리가 단순히 하느님 뿐만이 아닌 인간에 관한 무언가를 계시함을 강조한다는 점에서 매우 독특합니다. 이는 대주교가 항상 강조하는 부분이었지요. 성육신 교리에 관한 그의 이야기에는 언제나 성육신이 인간성의 위대함을 드러내는 계시라는 확신이 깔려 있습니다.

... 성육신은 인간의 위대함을 드러내는 계시입니다. 성육신은 하느님께서 영뿐만 아니라 혼과 육체 역시 당신을 품

을 수 있게끔 인간을 창조하셨다는 사실을 드러냅니다. 인간은 하느님을 대면할 수 있고, 그분의 친구가 될 수 있으며, 가장 깊은 순종의 관계, 친교를 맺을 수 있을 뿐 아니라 사도 베드로의 대담하고 영감 넘치는 말처럼 하느님의 본성에 참여할 수도 있습니다.

안토니 대주교는 균형 잡힌 그리스도교 신학은 결코 인간을 깎아내리는 방식으로 하느님을 높이지 않는다고 늘 이야기했습니다. 또한, 우리가 하느님에 대해 말할 수 있다는 경이로운 진리는 인류의 창조 목적과 운명에 관한 가장 경이로운 진리이기도 하다고 강조했지요. 또한, 그는 성육신을 하느님과 인류의 관계라는 차원으로만 한정해 다루지 않았습니다. 대주교는 하느님과 인류의 관계가 언제나, 그리고 이미 하느님과 피조 세계 전체와의 관계에 속해 있음을 우리에게 일깨웠습니다. 다시 한번, 1983년 강연을 인용해 보겠습니다.

그리스도의 몸과 관련해 이것이 참이라면, 이 세계에서 물질을 입은 모든 현실과 관련해서도 마찬가지로 참입니다. 하느님께서 모든 것 가운데 모든 것이 되시리라는 사도 바울의 이야기를 우리는 지극히 현실적인 의미로 받아들여야 합니다. 신성의 현존으로서 하느님께서는 모든 피조물, 모든 인류, 모든 피조 세계에 스며드실 것입니다.

따라서 성육신 교리는 단순히 하느님에 대한 계시, 하느님과 인간에 대한 계시가 아니라 전체 피조 세계의 운명, 하느님 안에서, 하느님을 통해 이루어지는 인간의 영광, 그리고 만물의 영광에 대한 계시입니다. 이 교리는 우리를 위해, 우리의 인간성을 영광스럽게 하기 위해, 그 인간성과 함께하는 세계를 영광스럽게 하기 위해 자신을 무방비 상태로 만드신, 취약해지신 하느님을 보여 줍니다. 우리 인간의 영광스러운 운명과 만물의 영광스러운 운명은 긴밀하게 연결되어 있으며 안토니 대주교가 행한 모든 강연에는 이 확신이 녹아들어 있습니다. 그리스도론에 대한 그의 성찰은 모두 이 틀 위에서, 이 정신 위에서, 이를 배경으로 하여 이루어집니다. 그렇기에 이 자리에서는 그가 그토록 사랑했던 이레네우스 성인의 말, "하느님의 영광은 온전히, 충만하게 살아 있는 인간이다"라는 말을 중심으로 이야기를 진행해 보도록 하겠습니다.

나중에 언급하겠지만, 안토니 대주교의 그리스도론에는 특징이 하나 더 있습니다. 1983년 강연에서는 스치듯 이야기해서 그 이야기가 얼마나 중요한지 간과할 수 있지만 말이 지요. 그는 성육신 교리가 인류의 영광뿐만 아니라 하느님의 영원한 생명 안에 (말하자면) 인류의 영원한 원형prototype이 있음을 암묵적으로 확언한다고 보았습니다.

> 하느님의 아들은 인간의 원형입니다. 우리는 그분의 형상을 따라 창조되었습니다. 우리의 이상적인 현존은 이미 삼위일체 안에 있습니다. 이 형상은 역사에 투영되며 때가 무르익을 때 역사에서 그 자리를 찾습니다.

이 말이 정확히 무엇을 의미하는지는 나중에 설명하도록 하겠습니다. 이 시점에서 이 말을 언급한 이유는 이 말이 그가 전개하는 그리스도론의 중요하고도 독특한 특징을 보여주기 때문입니다. 안토니 대주교의 그리스도론은 대다수 현대 그리스도인이 이해하기 어려워하는, 고전적인 정통 그리스도교의 가르침에 깊이 뿌리 내리고 있습니다. 즉, 그는 고백자 막시무스와 같은 신학자가 제시한 가르침, 즉 그리스도께서 자발적으로 죽음을 택하셨다고 믿는다면, 성육신 가운데 그리스도께서 인성을 취하셨다는 것이 반드시 필멸로 이어지지는 않는다는 가르침을 되살리고 탐구합니다. 쉽게 말하면, 그리스도께서 인간이 되신다는 이야기와 그리스도께서 필멸자가 되신다는 이야기 사이에는 차이가 있다는 것입니다. 그리스도께서는 본래 되어야 할 바대로 인성을, 하느님과 분리되지 않고 결합된 인성을 취하십니다. 따라서 그분은 하느님의 영원한, 파괴될 수 없는 생명을 머금은 인성을 취하십니다. 그러므로 그리스도께서 취하신 인성은 필멸성과 동일시할 수 없습니다. 앞서 말했듯 자신의 입장과 상관없이 거의 모든 '현대' 신학자들은 이 교리에 눈썹을 찌푸리곤 합니다. 하지만 동방 그리스도교 저술의 특정 단계에서 이 교리가 매우 중요한 비중을 차지한다는 점에는 의심의 여지가 없습니다. 안토니 대주교는 이에 매우 깊은 관심을 보였고, 여러 글에서 이에 관해 논의했지요. 이를테면 1971년 출간된 『하느님과 인간』God and Man이라는 얇지만, 탁월한 책에서 그는 말했습니다.

우리는 그리스도께서 참된 인간이시라고 고백합니다. 그분이 우리와 어떤 공통점이 있는지를 생각해 볼까요. 그분은 태어나셨고, 사셨고, 죽으셨습니다. 그분이 우리 삶에 참여하신 방식을 생각하면, 우리는 그분이 한편으로는 인류의 영광에 참여하시되, 어떤 면에서는 인류의 영광에 전혀 참여하지 않으심을 알 수 있습니다. 그리스도께서는 자신을 단단하게 만들어 인류의 영광을 누리는 이들과 자신을 동일시하지 않으셨습니다. 그분은 모든 이와 자신을 동일시하셨습니다.

그분은 십자가에서 죽으셨습니다. 그렇게 그분은 인류에게 역사상 가장 효과적인 말씀, 동시에 역사상 가장 비극적인 말씀을 건네셨습니다. 하느님의 아들인 그분은 악에 참여하지 않되 그 모든 결과를 받아들이심으로써, 인류와의 총체적인, 최종적인, 어떠한 유보도 없는, 무한한 연대를 받아들이셨습니다. 그렇기에 십자가에 못 박힌 그분은 버림받은 인류의 외침을 외치십니다. "나의 하느님, 나의 하느님, 어찌하여 나를 버리셨습니까?"

그런데 저 인용문들 사이에는 독특한(하지만 대주교는 모두 쉽게 이해할 수 있을 거라고 여기는 듯한) 이야기가 들어 있습니다.

그분은 (문자 그대로) 영원한 생명에 연결되어 있기에 죽을 수 없습니다. … 자신의 인성 안에서 그리스도께서는 죽음에 참여하지 않으셨습니다. 그분의 인성에는 그분의 신성이

머금고 있는 영원한 생명이 가득 차 있기 때문입니다. 그분
은 죽으실 수 없습니다.

매우 복잡한 일들이 일어나고 있음을 알아보셨는지요? 이
자리에서 이와 관련된 신학 문제들, 혹은 이에 대한 해결책
을 제시하지는 않겠습니다. 다만 안토니 대주교가 어떻게 이
런 이야기를 하고 있는지를 생각해 보아야 합니다. 저는 그
가 이런 뜻을 가지고 위와 같은 이야기를 했다고 생각합니
다. 그리스도께서는 인간의 본성을 끌어안으시고, 취하시고,
변모시키십니다. 그러나 신성the Godhead의 인격으로서, 하느
님의 위격hypostasis으로서 그분은 죽으실 수 없습니다. 그러므
로 그리스도께서 취하신 인성 또한 (매우 중요한 의미에서) 죽을
수 없습니다. 이 인성은 성자 하느님이라는 영원한 위격이
지닌 생명에 고정되어 있기 때문입니다. 그러나 그리스도교
에서는 동시에 무엇을 이야기합니까? 그리스도께서 죽음과
부활을 통해 우리의 인성을 새롭게 하셨다고, 성육신과 십자
가는 분리될 수 없다고 고백합니다. 성육신 안에서 인성은
성자 하느님의 신성에 고정되어 있고 분리할 수 없이 결합되
어 있습니다. 그렇기에 그리스도의 인성은 그 자체로는 죽을
수 없습니다. 그럼에도 불구하고 이 인성을 취하신 분은 영

원한 하느님의 아들일 뿐 아니라 언제나 자기희생self-sacrifice
으로 생명을 일구어내시는 영원한 하느님의 아들이기 때문
에 죽음을 향해 나아가십니다. 성육신한 그리스도께서는 죽
음을 향해 끝없이 나아가십니다. 이 같은 맥락에서 안토니
대주교는 그리스도께서는 자신이 구하러 온 고통받고 버림
받은 인류와 자신을 동일시하기 위해 생명의 원천에서 자신
을 스스로 끊어내셨다고 이야기합니다. 1983년 강연에서 그
는 이야기합니다.

> 그리스도께서는 하느님을 잃어버리지 않고서는 죽으실 수
> 없습니다. 십자가의 비극은 바로 여기에 있습니다. 동시에
> 바로 여기에, 우리가 상상할 수 없는 하느님의 위대한 사랑
> 이 있습니다. 그 순간 그분은 연약해지셨을 뿐만 아니라 (자
> 신의 원천에서) 풀려나셨습니다.

그리스도께서는 하느님을 잃지 않고서는 죽으실 수 없습니
다. 그렇기에, 우리를 구원하기 위해 그리스도께서는 완전히
자기를 버리셨습니다. 그분은 의도적으로 자신의 인성을 잃
어버리셨고, 그렇게 인류와 연대하셨습니다. 그분은 십자가
뿐만 아니라 최상의 자기 포기, 우리의 육체와 역사 안에서

영원의 자기를 포기하는 것, 하느님의 모든 위격의 특징이라 할 수 있는 영원의 자기 버림까지 나아가셨습니다. 그렇기에 하느님의 아들로서, 혹은 성자 하느님으로서 불멸한다는 것은 지옥, 혹은 스올, 죽음의 땅이라는 무신성the Godlessness, 하느님이 계시지 않는 곳까지 나아간다는 것을 뜻합니다.

이 주장은 일종의 뫼비우스의 띠, 비틀린 개념과도 같아 자신에게로 돌아갑니다. 즉, 하느님의 아들은 인류와 분리될 수 없이 결합되어 있기에 생명은 죽음 그 자체를 삼킵니다. 하느님이 계시지 않는 곳인 지옥, 스올이 하느님이 계신 곳이 됩니다. 그리스도께서 죽음을 통해, 고통받는 인류를 끌어안으심으로써, 포용하심으로써 만물이 친교로 넘칩니다. 성육신하신 아들의 현존에 지옥은 살아남을 수 없습니다. 『하느님과 인간』에서 안토니 대주교는 이야기합니다.

구약성경의 지옥은 그리스도교 문학 작품들이 묘사하는 화려한 지옥과는 아무런 관련이 없습니다. 구약성경의 지옥은 그보다 훨씬 더, 한없이 끔찍한 곳입니다. 지옥은 하느님이 계시지 않은 곳, 최종적으로 버림받은 곳입니다. 우리가 그리스도께서 음부로, 지옥으로 내려가셨다고 고백할 때 이는 그분이 하느님을 상실하는 것, 그 절대적인, 그러한 면에서 유일한 비극 가운데 우리 중 하나가 되셔서, 그 결과를 받아들이고 하느님의 생명이 없는 곳, 최종적으로 버림받은 곳까지 가신다는 것을 의미합니다. 그리고 그곳에서, 초기 교회의 성가 노랫말을 빌리면 지옥의 문들이 열리고, 지상에서 정복하지 못한 그분을 맞이합니다. 그분이 정복되었고, 지옥의 죄수가 된 것입니다. 불멸의 인성 가운데 죽음을 받아들이신 이분, 무죄하나 무신성을 감내하신 이분을 지옥은 받아들입니다. 그렇게 지옥은 인간이면서 하느님인 분, 하느님의 현존과 마주하고 파괴됩니다. 이제 그곳은 파괴되었습니다. 이제 하느님이 계시지 않은 곳, 생명이 없는 곳은 남아 있지 않습니다.

그러므로 안토니 대주교에게 그리스도의 완전한 인성과 완전한 신성을 긍정한다는 것은 궁극적으로 하느님께서 피조세계에 무신성이 더는 남지 않게 하심을, 직접적이고도 강력한 의미에서 죽음을 삼키심을, 하느님께서 무한한 자기희생으로, 이를 바탕으로 이루어지는 사랑으로 죽음을 끌어안으심으로써 부정을 부정하심을, 무신성이라는 '아니오'를 향해 '아니다'라고 말씀하심을 믿는 것입니다. 성육신하신 그리스도의 정신적, 영적 고뇌를 중심에 둔 이 그림은 매우 설득력 있고 강렬하면서 동시에 신학적으로 여러 질문을 불러일으킵니다. 앞서 말했듯 이 자리에서는 이 문제들에 대해 논의하지는 않겠습니다. 다만, 안토니 대주교는 성육신의 본질이 '무신성으로 내려오는 것'에 있다고 보았으며 이를 이해하지 않고서는 그의 전체 신학을 이해할 수 없습니다. 이는 20세기 많은 신학자(대표적으로 로마 가톨릭 신학자 한스 우르스 폰 발타사르Hans Urs von Balthasar를 들 수 있겠지요)의 사유 중심에 있는 주제이며, 다른 누구보다 성육신과 삼위일체에 관한 러시아 정교회 신학자들의 성찰에 뿌리를 두고 있습니다.

앞에서 저는 안토니 대주교가 러시아 정교회 신자라는 사실을 기억해야 한다고 말한 바 있습니다. 그리고 정교회 신학의 특정 전통, 고백자 막시무스와 관련된 '신新칼케돈주의'Neo-Chalcedonism를 배경으로 자신의 신학 사유를 펼친다고 이야기했지요. 여기에 더해 저는 19세기 중반 이후 러시아 사상가들 사이에서 널리 퍼진, 십자가와 삼위일체의 관계에 대한 성찰 또한 그에게 영향을 미쳤다고 생각합니다. 19세기 중반, 모스크바의 필라렛Philaret of Moscow 대주교는 삼위일체의 핵심에 영원한 사랑의 십자가가 있다고 설교하곤 했습니다. 그리고 19세기 말과 20세기 초 여러 러시아 신학자는 이 문구를 채택했습니다. 세르게이 불가코프의 저술 곳곳에서 이를 발견할 수 있으며, 블라디미르 로스키Vladimir Lossky의 저술에서도 이를 찾아볼 수 있지요. 불가코프와 로스키의 신학은 공통점이 그리 많지 않으나 두 신학자는 모두 이 주제와 필라렛 대주교의 인용문을 자주 다루곤 했습니다. 일종의 공통 언어, 공통의 세계관이었던 셈이지요. 그리고 여기에는 안토니 대주교가 다양한 방식으로, 체계적이지는 않으나 열정을 가지고 진행한 탐구, 십자가에서 그리스도의 버림받음에 대한 탐구도 포함됩니다. 이 흐름에서는 십자가에서 이루어지는 삼위일체 하느님의 사랑을 매우 강한 의미에서 자기버림으로 봅니다. 삼위일체 안에서, 삼위일체를 통해 표현되는 하느님의 사랑은 자기를 부정하는 사랑(이는 잘못된 표현입니다)이 아니라 끊임없이 자신의 자리에서 물러나는 사랑, 자신을 비켜주는 사랑이라는 것이지요. 안토니 대주교가 삼위일체 하느님과 인간에 대해 이야기할 때 우리는 그가 이러한 생각 일부를 어떻게 풀어내는지 볼 수 있습니다. 그는 신랑이 신부와 즐거운 시간을 보낼 수 있도록 자신의 자리에서 물러난 신랑의 친구에 대해 세례자 요한이 말한 것("신부를 차지하는 사람은 신랑이다. 신랑의 친구는 신랑이 오는 소리를 들으려고 서 있다가, 신랑의 음성을 들으면 크게 기뻐한다. 나는 이런 기쁨으로 가득 차 있다"(요한 3:29))을 우리에게 상기시킵니다.

신랑과 신부에 대한 그의 사랑은 신랑과 신부를 하나로 모읍니다. 혼인 잔치에서 그는 둘의 증인이자 동반자입니다. 그는 둘이 얼굴을 맞대고 영혼과 육체의 충만한 관계를 맺을 수 있도록 방으로 둘을 인도합니다. … 이 자기 사라짐 self-annihilation 행위는 사랑에 반드시 필요합니다. 누구와 나누든, 어떠한 상황에서 이루어지든, 무언가와 나누든 우리 사랑에 이 행위가 없다면 우리 사랑은 여전히 결함이 있는 사랑입니다. 하느님의 사랑에서 우리는 온전히 주고, 온전히 받으면서 사랑하는, 삼위일체 관계에 있는 세 위격의 환희에 찬 기쁨을 발견합니다. 셋은 매 순간 서로를 방해하지 않으며, 다른 둘이 서로를 마주할 수 있도록 또 다른 하나가 사라집니다. 그렇게 함으로써 완전한 친교와 완전한 융합과 하나됨이라는 기적이 일어납니다.

복잡하지만, 매우 중요한 생각입니다. 여기서 그는 삼위일체 위격들의 사랑을 두 위격이 "서로를 마주할 수 있도록" 다른 한 위격이 물러서는 것으로 묘사합니다. 삼위일체 위격들의 친밀함은 서로를 친교로 이끄는 하느님의 생명, 그 세 번째 차원에 의해 (이런 표현을 써도 될지 모르겠습니다만) 언제나 '촉진'된다고 할 수 있습니다. 성부와 성자는 성령이 자신을 버리는 사랑으로 물러나기 때문에 깨질 수 없는 친밀함 안에 계십니다. 성부께서 얼굴을 감추시기 때문에 성자와 성령은 깨지지 않는 친밀함 가운데 함께 활동하십니다.

이런 자기 버림, 자기 닫음self-occlusion, 위격들의 관계에서 서로가 얼굴을 마주할 수 있도록 나머지 한 위격이 얼굴을 가린다는, 그래서 각 위격이 자신을 가리는 활동이 끊임없이 일어난다는 생각은 안토니 대주교가 성육신을 통해 드러난 사랑에 대해 이야기할 때 주요한 배경이 됩니다. 이 배경 위에서 십자가 사건은 영원에서 이루어지는 신성한 위격의 자기 비움, 자기 버림을 역사로 옮긴 사건이라 할 수 있습니다. 그리고 이 지점에서 안토니 대주교가 삼위일체에 관해 쓴 글과 그리스도론에 관해 쓴 글은 하나로 모입니다. 여기서 그는 '비극'tragedy이라는 말을 껄끄러운 방식으로 사용합니다. 하느님과 인간의 관계, 영원한 사랑의 비극적 차원을 다룰 때 이 말을 쓰지요

하느님께서는 당신의 신성한 지혜 안에서 무에서 유를, 하느님 당신께 일어날 결과를 충분히 아시고 세상을 의도하셨고, 부르셨습니다. 이를 두고 우리는 하느님과 세상이 다툼을 벌인다고도 할 수 있을지 모르겠습니다. 앞의 것을 고

려한다면, 우리가 자주 불평하는 비극은 세상보다 하느님께 더 비극입니다.

하느님의 자기 자제self-abnegating, 자기 버림self-abandoning은 창조의 핵심 활동입니다. 창조라는 사실 자체가 인간의 자유를, 인간의 자유로 인해 십자가에서 하느님께서 그 대가를 치러야 함을 암시한다는 점에서 하느님께 '비극'이라고 안토니 대주교는 말합니다. 대담집 『그 빛이 어둠 속에서 비치니』The Light that shineth in darkness에서 안토니 대주교는 다시 한번 이 비극에 대해 이야기합니다.

신성에 관해 이야기할 때 인간이 비극이라는 말을 쓰는 것이 가능한가, 인간이 내린 결단에 따라 하느님이 행동하시고 상처받을 수 있다고 말하는 것이 가능한가, 하고 여러분은 물으실 수 있습니다. 당연히, 그럴 수 없습니다. 제가 하고자 하는 이야기는 성 삼위일체의 존재 자체에 더 비극적이고, 더 심각한 비극이 있다는 것입니다.

이 말은 하느님 관계의 본성에 자기희생, 대가를 감내하는 사랑이 새겨져 있음을 가리킨다고 저는 생각합니다. 강렬한 수사이고, 마음을 뒤흔드는 표현이면서 동시에 문제가 많은 신학적 표현이기도 하지요. 이와 관련된 안토니 대주교의 이야기를 읽고 들으면서, 우리가 얼마나 그의 본뜻을 정확하게 헤아릴 수 있는지, 받아들일 수 있는지는 잘 모르겠습니다. 분명 하느님이라는 영원한 생명이 상실을 겪는다든가, 고통을 받는다는 생각은 잘 이해되지 않습니다. 정의상 하느님은 영원하고 변치 않는 지복bliss입니다. 그렇기에 신성 안에 비극성이 있다는 말은 분명 문제가 있습니다. 마찬가지 맥락에서 창조란 하느님에게 대가를 치러야 한다는 것을 의미하기 때문에 '비극'이라고 말하는 것은 (안토니 대주교도 말했듯) 인간이 하느님의 존재와 그분의 생명에 손실을 입힐 수 있다는 이야기처럼 들릴 수 있습니다. 저는 대주교가 하느님의 사랑의 본성을 강조하기 위해 이런 표현을 쓴다고 생각합니다. 삼위일체와 성육신에 대해 진실하게 말하기 위해서는, (부정확하다 할지라도) 인간이 상상할 수 있는 가장 커다란 대가가 무엇인지 생각해 봐야 한다고 그는 우리에게 말하는 것처럼 보입니다. 하느님의 사랑을 상실, 희생, 자기 비움과 자기 자제의 측면에서 상상한다면 그 사랑이 얼마나 진지하고 심각한 일인지 생각해 볼 수 있다는 것이지요. 우리의 상상력을 그 정도까지 끌어올리면, 하느님께서 펼치시는 드라마의 이

지점까지 숙고해 보면, 우리는 다시금 뒤로 물러나 그리스도 안에서 신성과 인성의 분리될 수 없는 결합, 생명에 의한 죽음의 결정적인 극복, 그 밖의 모든 것을 다시 생각해 볼 수 있게 된다고, 이것이야말로 우리 신학 담론의 신비라고 안토니 대주교는 믿는 것 같습니다. 여러 문제와 왜곡의 위험을 감내하고서라도 그는 십자가와 부활이 얼마나 거대한 효과를 내는지, 얼마나 전지구적이고 변혁적인지를 보여주기 위해 우리의 신학적 상상력을 자극합니다. 그러므로 저는 그가 쓴 일부 표현은 하느님께서 하시는 사랑의 진지함, 심각함을 우리가 깨달을 수 있도록, 우리를 밀어붙이는 일종의 수사학적 장치로 봅니다. 안토니 대주교는 자주 자신이 신학자가 아니라고 말하곤 했습니다. 그는 여러 면에서, 그리고 핵심적인 부분에서 진실했지만, 적어도 저 말은 참이라고 생각하지 않습니다. 그리고 분명 제가 방금 언급한 신학적 문제들이 현실에서 일어나 복음을 전하고 우리가 하느님의 사랑, 그분의 승리를 온전히 받아들이는 데 장애물이 된다면 그는 이에 저항했을 것입니다. 하지만 신학으로 생계를 유지하는 저 같은 사람은 껄끄럽고, 불편한 질문을 던져야 하는 것도 사실입니다. 그래야 성육신과 삼위일체에 대한 안토니 대주교의 사상에 여백이 생기고, 좀 더 깊게 성찰해 볼 수 있기 때문입니다.

이제 안토니 대주교가 지난 30~40년 동안 반복해서, 때로는 비슷하게, 때로는 새롭게, 그리고 언제나 흥미롭게 이야기한 내용이 무엇이었는지를 이야기해 보도록 하겠습니다. 다시 한번 말하지만, 이는 지금까지 이야기했던, 참 하느님이자 참 인간이신 그리스도에 대한 그의 생각과 깊은 연관이 있습니다.

첫 번째로 안토니 대주교가 강조한 것은 성육신 교리가 영원한 하느님이 당신의 삶과 활동에 지옥이나 스올, 무신성의 영역, 거부의 영역, 버림받음이라는 감각을 어떻게 포함하셨는지를 이야기하고 있다는 것입니다. 그의 표현을 빌리면 하느님께서 계시지 않은 곳은 없습니다. 그리고 이는 성육신과 관련해 안토니 대주교가 한 모든 이야기의 가장 중요한 특징입니다. 성육신이 끔찍한 지옥과 부활을 향해 나아간다는 그의 이야기는 매우 독특한 정교회의 관점을 담고 있습니다. 대주교는 성육신이 단지 인간의 고통에 대한 하느님의 연대가 아닌, 인간의 고통과 함께하는 하느님의 연대를, 분리될 수 없고, 영원하며, 불변하고, 고통받을 수 없는 신성한 생명이 죽음과 공허, 하느님을 감지할 수 없는 인간 영역을 채우고 압도하고, 넘치게 함을 이야기하고자 했습니다. 이 전체 그림을 고려하지 않으면, 그의 이야기는 말이 되지 않습니다.

두 번째로 그가 강조한 것은 성육신이 인간 경험의 모든 측면, 이에 수반되는 모든 것과 하느님이 연대하심을 보여준다는 것입니다. 1983년 강연에서 안토니 대주교는 헤라클레스의 죽음과 관련된 한 전설을 빌려 성육신에 관한 인상적인 이야기를 전합니다.

> 켄타우로스는 복수를 위해 자신의 속옷에 자신의 피를 흠뻑 적셔 헤라클레스에게 보내고 헤라클레스는 이 속옷을 입습니다. 그러자 속옷이 그의 몸에 달라붙어 불에 타는듯한 고통을 느끼게 합니다. 속옷이 계속 떨어지지 않자 헤라클레스는 결국 자신의 생명, 자신의 살까지 함께 뜯어내 버립니다. 이는 그리스도께서 우리의 인성을 취하신 것과 유사한 면이 있습니다. 우리의 인성은 살인적이고 치명적인 피로 흠뻑 젖어 있는 속옷과 같습니다.

그러므로 그리스도께서 우리와 연대하셨다는 것은 단순히 우리의 고통, 심지어 상실을 받아들이셨다는 것뿐만이 아니라 (저 심상이 암시하듯) 의도적이고, 살인적이며, 생명을 부정하는 폭력의 영향까지 받아들이셨음을 의미합니다.

세 번째는 초반에 제가 언급하기도 한 내용인데, 이 모든 그림의 중심에는 인간의 굴욕, 실패, 고통이 있다는 것입니다. 그리고 대주교는 일관되게 이를 인간성을 고양하는 방식으로, 잃어버린 영광을 회복하는 방식으로, 인간성을 드높이는 방식으로, 하느님을 부정하는 것이 아닌, 하느님의 자기 부정self-denying을 긍정하는 방식으로 이를 탐구합니다. 덕분에 우리는 인간을 억압하거나 격하한다고 해서 하느님이 높아지지 않으며, 하느님을 부정해서는 인간의 존엄성을 긍정할 수 없다는 생각을 거듭 새기게 됩니다. 오히려 하느님의 자기 부정이 무엇을 의미하는지를 알게 되면, 그분을 높이는 것과 인간을 높이는 것은 분리될 수 없음을 알게 됩니다. 하느님은 인간성을 낮춤으로써 높아지지 않으며 그 반대도 마찬가지입니다.

네 번째 특징은 1983년 강연뿐만 아니라 『하느님과 인간』, 안토니 대주교가 세상을 떠날 때까지 수십 년 동안 행한 무수한 강연에서 인간과 피조물 사이의 연관성에 대해 이야기한 내용으로 돌아갑니다. 그는 그리스도 안에서 하느님께서 인간 삶의 모든 부분, 모든 측면을 끌어안으신다고 말한 뒤 성육신을 통해 피조 세계 전체가 하느님으로 충만해진다고 말하곤 했습니다. 환경 위기에 대해 성찰할 수 있는 확고한 신학적 토대를 찾는 이들이라면, 바로 여기서 발견해야 할 것입니다. 물론 이는 안토니 대주교의 고유한 통찰은 아니며 지난 20~30년 동안 정교회 전통에 속한 수많은 저술가가 강조한 부분이었습니다. 서구 세계에서 생태 문제에 대해 신학이 사고하는 유행이 일어나기 훨씬 전부터 수많은 정교회 저술가들, 흐리스토스 얀나라스Christos Yannaras나 올리비에 클레망Olivier Clément, 그리고 알렉산더 슈메만 같은 전례신학자들이 이 점을 지적했지요. 성육신은 좁은 의미에서 인간에게만 관련된 사건이 아니라 피조 세계 전체의 미래와 관련된 사건입니다. 생태계 문제를 해결하기 위해서는 하느님께서 인간이 되셔서 물질세계 전체를 자신의 현존으로 흠뻑 적셨다는 사실, 그러한 물질세계 속에서, 물질세계와 더불어 우리가 살고 있다는 사실을 일관되고 신중하게 성찰해 보아야 합니다.

마지막으로 주목해 볼 부분은 안토니 대주교가 지금까지 논의한 모든 내용과 연관 지어 교회를 정의하고 있다는 것입니다. 새로운 아담인 그리스도께서는 모든 피조물과 그 창조주, 그리고 교회를 창조하신 분과 온전히 회복된 관계 가운데 살아 계십니다. 우리는 새로운 아담 안에서, 새로운 아담으로부터, 새로운 아담으로 살아갑니다. 피조물과 창조주가 함께 엮인 곳이 바로 교회이며, 그 교회가 바로 우리입니다. 참 하느님이자 참 인간이신 그리스도에 관해 교회가 발하는 모든 것은 하느님, 다른 이, 그리고 다른 피조물과의 관계에 대한 우리의 감각을 형성합니다. 그러므로 교회는 결코 예수를 존경하는 이들의 단체가 아닙니다. 특정 사상이나 약속을 공유하는 연합체도 아닙니다. 교회란 두 번째 아담의 삶이며 교회로서 우리의 삶은 새로운 아담이라는 실재를 삶으로 빚어나가야만 의미가 있습니다. 『하느님과 인간』에서 이와 관련된 내용을 인용해 보겠습니다.

교회의 백성에게 인간이 된다는 것은 그리스도와 하나됨을 추구하는 것입니다. 그리스도께서는 타락한 우리, 피조 세계에 있는 우리와 당신을 동일시하셨고 이를 받아들이셨습니다. 우리가 나아가야 할 길도 마찬가지입니다. 그러므로 교회에서 행동, 섬김, 관조는 상관관계가 있으며 필연적으로 서로 연결되어 있습니다. 우리가 볼 수 있는 만큼만, 우리가 볼 수 있는 한도 안에서만 우리는 성장할 수 있으며, 하느님의 말씀을 들을 수 있는 만큼만 우리는 볼 수 있습니다. 행동하는 인간은 하느님의 계획을 따르는 한도 내에서만 이 세계에서 자신의 역할을 온전히 다할 수 있습니다. 우리는 우리를 얽매고 있는 것들로부터 완전히 자유롭게 되지는 못할 수 있습니다. 그러나 우리는 세상에서 벌어지는 죄의 일부가 되지 않도록 세상과 충분히 분리되어야 합니다. 우리는 그리스도처럼 우리 자신을 자유롭게 내어주기 위해, 세상의 속박에서 벗어나도록 부름받았습니다. 우리는 살고 죽을 것입니다. 그러나 그리스도의 방식으로 그렇게 해야 합니다.

안토니 대주교는 그리스도는 참 하느님이자 참 인간이라는 교리가 다른 무엇보다 우리가 누구인지, 우리가 어떤 인간이 될 수 있는지, 우리가 어떤 부름을 받았는지를 분명하게 알려주는 교리라고 이야기했습니다. 성육신 교리는 하느님이 없는 것처럼 보이거나 하느님을 잃어버린 것 같은 상태에서도 그리스도께서는 언제나 우리 앞에, 우리와 함께하심을 알려 줍니다. 십자가에 못 박힌 그리스도로 나타난 철저한 사랑은 역사 속에 일어난 우연한 사건이 아니라, 영원한 사실이 역사를 입은 것임을 알려 줍니다. 피조물과 창조주가 분리되지 않고 함께 살아가는 이 특별한 순간을 이해해야만, 그 빛 안에서만 교회로서 우리를 이해할 수 있음을 알려줍니다. 마지막으로, 강연의 결론으로서 다시 한번 안토니 대주교의 말을 인용하겠습니다.

이것이 바로 승리입니다. 이것이 바로 성금요일 밤기도가 끝날 무렵, 부활절에 앞서 부활을 노래할 때 일어나는 일입니다. 부활은 단순히 그리스도의 몸의 부활이 아닙니다. 죽음과 죄, 사탄에 대한 승리입니다. 지옥은 텅 빈 곳, 폐허가 됩니다. 그리스도께서는 하느님께서 일곱째 날에 그리하셨듯 무덤에서 안식하셨습니다. 그리고 인류의 (비극적인) 역사를 열었던 창조가 승리를 거두었습니다. 궁극적인 승리를 거두었습니다. 성 토요일 우리가 부활을 노래하는 이유는 이제 몸과 영혼이 하나가 되었기 때문입니다. 그리스도께서 승리하신 모습으로 우리에게 나타나십니다. 십자가에서 죽으심으로써, 지옥에 내려가심으로써 몸와 영혼의 분리는 극복되었습니다. 이제 이 분리는 더는 그리스도를 무덤이나 지옥에 가둘 수 없습니다. 부활은 이 승리의 필연적이고 영광스러운 결과입니다.

| 안토니 블룸 저서 목록 |

· **Living Prayer** (London: Darton,Longman & Todd, 1966)『살아 있는 기도』(가톨릭 출판
  사)

· **School for Prayer** (London: Darton,Longman & Todd, 1970)『기도의 체험』(가톨릭 출판
  사)

· **God and Man** (London: Darton,Longman & Todd, 1971)

· **Meditations: a Spiritual Journey Through the Parables** (London: Dimension Books,
  1972)『잃었던 아들』(성바오로 출판사)

· **Courage to Pray** (London: Darton,Longman & Todd, 1973)

· **Death and Bereavement** (St Stephen's Press. 2002)

· **Encounter** (London: Darton,Longman & Todd, 2005)

· **Coming Closer to Christ: Confession and Forgiveness** (London: SPCK, 2009)

· **Churchianity Vs Christianity** (NY: St Vladimirs Seminary Press, 2017)『교회교인가 그
  리스도교인가』(비아)

· **Beauty and Meaning** (London: Darton,Longman & Todd, 2023)

교회교인가 그리스도교인가

- 그리스도인의 현실과 이상에 관하여

초판 1쇄 ┃ 2024년 5월 24일

지은이 ┃ 안토니 블룸
옮긴이 ┃ 양세규

발행처 ┃ 타임교육 C&P
발행인 ┃ 이길호
편집인 ┃ 이현은
편　집 ┃ 민경찬 · 정다운
검　토 ┃ 손승우 · 여운송 · 윤관
제　작 ┃ 김진식 · 김진현
재　무 ┃ 황인수 · 이남구 · 김규리
마케팅 ┃ 이태훈 · 민경찬
디자인 ┃ 민경찬 · 손승우

출판등록 ┃ 2020년 7월 14일 제2020-000187호
주　소 ┃ 서울시 강남구 봉은사로 442 75th Avenue 빌딩 7층
주문전화 ┃ 02-590-9842
이메일 ┃ viapublisher@gmail.com

ISBN ┃ 979-11-93794-26-5 (03230)
한국어판 저작권 ⓒ 2024 타임교육C&P